L&PMPOCKETENCYCLOPAEDIA

Memória

Série **L&PM**POCKET**ENCYCLOPAEDIA**

Alexandre, o Grande – Pierre Briant
Budismo – Claude B. Levenson
Cabala – Roland Goetschel
Capitalismo – Claude Jessua
Cérebro – Michael O'Shea
China moderna – Rana Mitter
Cleópatra – Christian-Georges Schwentzel
A crise de 1929 – Bernard Gazier
Cruzadas – Cécile Morrisson
Dinossauros – David Norman
Economia: 100 palavras-chave – Jean-Paul Betbèze
Egito Antigo – Sophie Desplancques
Escrita chinesa – Viviane Alleton
Existencialismo – Jacques Colette
Geração Beat – Claudio Willer
Guerra da Secessão – Farid Ameur
História da medicina – William Bynum
Império Romano – Patrick Le Roux
Impressionismo – Dominique Lobstein
Islã – Paul Balta
Jesus – Charles Perrot
John M. Keynes – Bernard Gazier
Kant – Roger Scruton
Lincoln – Allen C. Guelzo
Memória – Jonathan K. Foster
Maquiavel – Quentin Skinner
Marxismo – Henri Lefebvre
Mitologia grega – Pierre Grimal
Nietzsche – Jean Granier
Paris: uma história – Yvan Combeau
Primeira Guerra Mundial – Michael Howard
Revolução Francesa – Frédéric Bluche, Stéphane Rials e Jean Tulard
Santos Dumont – Alcy Cheuiche
Sigmund Freud – Edson Sousa e Paulo Endo
Sócrates – Cristopher Taylor
Tragédias gregas – Pascal Thiercy
Vinho – Jean-François Gautier

Jonathan K. Foster

Memória

Tradução de Camila Werner

www.lpm.com.br

Coleção **L&PM** POCKET, vol. 977

Jonathan K. Foster trabalha há mais de vinte anos como pesquisador e médico no campo da memória. Coordena pesquisas em diversas instituições nas áreas de neurociência cognitiva (Edith Cowan University, Austrália), neuropsicologia (University of Western Australia), entre outras. É autor de inúmeros artigos e quatro livros, como *Psychology* (Blackwell, 2005), com M. Hewstone e F. Fincham.

Texto de acordo com a nova ortografia.

Título original: *Memory*

Primeira edição na Coleção **L&PM** POCKET: setembro de 2011

Tradução: Camila Werner
Capa: Ivan Pinheiro Machado. *Foto*: KClive Branson / Wildcard / Latinstock
Preparação: Viviane Borba Barbosa
Revisão: Patrícia Yurgel

CIP-Brasil. Catalogação na Fonte
Sindicato Nacional dos Editores de Livros, RJ

F856m

Foster, Jonathan K.
 Memória / Jonathan K. Foster; tradução Camila Werner. – Porto Alegre, RS: L&PM, 2011.
 160p. : il. – (Coleção L&PM POCKET; v. 977)

 Tradução de: *Memory*
 Inclui índice
 ISBN 978-85-254-2484-6

 1. Cérebro. 2. Memória. 3. Neurociências. I. Título. II. Série.

11-5852. CDD: 612.82
  CDU: 612.82

© Jonathan K. Foster, 2009
***Memória* foi originalmente publicado em inglês em 2009.
Esta tradução é publicada conforme acordo com a Oxford University Press.**

Todos os direitos desta edição reservados a L&PM Editores
Rua Comendador Coruja, 314, loja 9 – Floresta – 90220-180
Porto Alegre – RS – Brasil / Fone: 51.3225-5777 – Fax: 51.3221.5380

PEDIDOS & DEPTO. COMERCIAL: vendas@lpm.com.br
FALE CONOSCO: info@lpm.com.br
www.lpm.com.br

Impresso no Brasil
Primavera de 2011

Sumário

Capítulo 1
Você é sua memória 7

Capítulo 2
Mapear as memórias 30

Capítulo 3
Tirando o coelho da cartola 57

Capítulo 4
As imprecisões da memória 70

Capítulo 5
Os distúrbios da memória 94

Capítulo 6
As sete idades do ser humano 111

Capítulo 7
Como aprimorar a memória 124

Leituras complementares 148

Índice remissivo 150

Lista de ilustrações 152

Capítulo 1
Você é sua memória

> Parece haver algo mais expressivamente incompreensível nos poderes, nas falhas e nas desigualdades da memória do que em qualquer outra de nossas inteligências.
>
> Jane Austen

Este capítulo enfatizará a importância da memória para quase tudo o que fazemos. Sem ela, não seríamos capazes de falar, ler, identificar objetos, orientar-nos no ambiente ou manter relacionamentos pessoais. Para ilustrar esse ponto, serão relatados alguns casos e análises sobre a memória, além de observações feitas por pensadores de outras disciplinas relacionadas, tais como a literatura e a filosofia. Depois, examinaremos a breve história das pesquisas sistemáticas e científicas sobre a memória, que começou com Ebbinghaus no final do século XIX, continuou com Bartlett na década de 1930 até chegar às pesquisas experimentais controladas conduzidas no contexto dos recentes modelos de processamento da informação da memória. Concluiremos explicando como a memória é estudada hoje e apresentando os princípios para um bom projeto na pesquisa contemporânea da memória.

A importância da memória

Por que essa faculdade sem dúvida nos dada por Deus retém muito melhor os eventos de ontem do que aqueles do ano passado, e, melhor ainda, aqueles da hora passada? Por que, novamente, na velhice a compreensão dos eventos da infância parece mais consistente? Por que repetir uma experiência fortalece nossa lembrança dela? Por que remédios, febres, asfixia e excitação ressuscitam coisas há muito esquecidas? ...tais peculiaridades parecem bastante fantásticas e podem, pelo que conseguimos ver a princípio, ser exatamente o oposto do que são. Então, evidentemente, a faculdade não existe de maneira alguma, mas trabalha sob determinadas condições, e a busca dessas condições torna-se a tarefa mais interessante do psicólogo.

William James (1890),
citado em *Principles of Psychology,* i.3

Na citação acima, William James menciona alguns dos muitos aspectos intrigantes da memória. Neste capítulo, examinaremos algumas de suas características mais fascinantes. No entanto, em um capítulo deste tamanho e abrangência só seremos capazes, é claro, de falar de modo superficial sobre uma das áreas mais extensamente pesquisadas pela psicologia.

A motivação para a variedade de trabalhos que foram conduzidos sobre o que, por que e como lembramos é óbvia: a memória é um processo psicológico fundamental. Assim como afirmou o conceituado neurocientista cognitivo Michel Gazzaniga: "Tudo na vida é memória, exceto a fina camada do presente". Ela nos permite lembrar aniversários, férias e outros eventos significativos que podem ter acontecido há horas, dias, meses ou até muitos anos. É pessoal e "interna", mas ainda assim sem a memória não seríamos capazes de executar atos "externos" – tais como manter uma conversa, reconhecer o rosto dos amigos, lembrar de compromissos, agir a partir de novas ideias, realizar nosso trabalho ou até mesmo aprender a andar.

A memória na vida diária

A memória é muito mais do que apenas trazer à mente informações vividas em algum momento anterior. Sempre que a experiência de um evento passado influencia alguém em um momento futuro, a influência dessa experiência anterior é uma elaboração da memória sobre o acontecimento passado.

Os caprichos da memória podem ser ilustrados pelo seguinte exemplo. Com certeza você já viu milhares de moedas ao longo da vida. Mas vamos pensar sobre como quão bem você é capaz de se lembrar de uma moeda comum que talvez tenha no bolso neste instante. Sem olhar, pare alguns minutos e tente desenhar de cabeça uma moeda de um determinado valor. Agora compare seu desenho com uma moeda real. Quão precisa era a sua memória da moeda? Por exemplo, a cabeça retratada estava voltada para o lado certo? Quantas palavras da moeda você conseguiu lembrar (se é que conseguiu lembrar de alguma!)? As palavras estão no lugar correto?

Durante as décadas de 1970 e 1980, estudos sistemáticos sobre esse assunto foram conduzidos. Os pesquisadores descobriram que, na verdade, a maioria das pessoas tem uma memória ruim para coisas familiares – como moedas. Isso representa um tipo de memória que tendemos a dar como certa (mas que – em certo sentido – na verdade não existe!). Tente o mesmo com outros objetos ao seu redor, como selos, ou tente lembrar detalhes das roupas dos seus colegas de trabalho ou de alguém que encontra com frequência. A questão principal aqui é que temos a tendência de lembrar das informações mais relevantes e úteis para nós. Por exemplo, provavelmente nos lembramos muito melhor do tamanho, das dimensões ou das cores típicos de uma moeda do que da direção para onde a cabeça está voltada ou do texto nela escrito, porque é provável que o tamanho, as dimensões ou as cores sejam mais importantes para nós na hora de usar o dinheiro (isto é, para as funções básicas de pagamento e troca, para as quais o dinheiro foi criado). E, quando lembramos de pessoas, normalmente recordamos seu rosto e outras características que as distinguem e que permanecem relativamente imutáveis (e que por isso são mais úteis para identificá-las), e não os itens que podem mudar (como as roupas de cada um).

Em vez de pensar em moedas e roupas, para a maioria das pessoas talvez seja mais objetivo pensar no papel da memória no caso de um estudante que i) assiste a uma aula e ii) consegue trazer à mente na hora da prova o que foi ensinado durante a aula. Esse é o tipo de "memória" que conhecemos dos tempos de escola. No entanto, pode ser menos óbvio o fato de a memória ainda ter um papel efetivo para o estudante, mesmo que ele não "lembre" da aula ou das informações em si, mas as use de maneira mais genérica (ou seja, possivelmente sem pensar sobre a aula em si – ou sem lembrar de informações específicas que foram apresentadas naquele contexto; isso é denominado *memória episódica*).

No caso do uso mais genérico das informações apresentadas em aula feito pelo estudante, dizemos que elas entraram na *memória semântica*, o que, em termos gerais, é análogo ao que chamamos de "conhecimento geral". Além disso, se mais tarde aquele estudante desenvolver um interesse (ou um profundo desinteresse) sobre o assunto da aula, isso pode ser um reflexo da memória da aula do passado, mesmo que ele não consiga se lembrar conscientemente de ter frequentado uma aula sobre o assunto em questão.

De modo semelhante, a memória cumpre determinado papel, tenhamos ou não a intenção de aprender. Na verdade, relativamente pouco do nosso tempo é gasto na tentativa de "gravar" eventos para serem lembrados mais tarde, como fazemos no estudo formal. Pelo contrário, a maior parte do tempo estamos simplesmente tentando levar as nossas vidas. Mas se, nessa vida diária, acontece algo relevante (o que, no nosso passado evolutivo como *Homo sapiens*, pode ser associado a uma ameaça ou uma recompensa), processos fisiológicos e psicológicos estabelecidos entram em ação e passamos a lembrar desses eventos. Por exemplo, a maioria de nós já teve a experiência de esquecer onde deixou o carro em um grande estacionamento. No entanto, se sofremos um acidente ou estragamos o nosso carro ou o carro do vizinho, mecanismos específicos de "luta, medo ou fuga" começam a funcionar, garantindo que lembremos desses eventos (e da localização do nosso carro)!

Na verdade, a memória não depende de uma intenção de lembrar dos eventos. Além disso, os eventos passados só influenciam nossos *pensamentos*, *sentimentos* ou

1. Nossa memória para objetos familiares – como moedas – geralmente é muito pior do que imaginamos.

comportamento (se pensarmos no exemplo do estudante que assiste à aula) porque fornecem evidências suficientes da nossa memória em relação a eles. A memória também exerce um papel indiferente à nossa vontade de evocar ou utilizar esses eventos. Grande parte da influência deles não é intencional e pode "voltar à mente" de maneira inesperada. A evocação de informações pode até ir contra nossa vontade, como foi demonstrado pelo trabalho feito por pesquisadores nas últimas décadas. Hoje, essa questão se tornou relevante no contexto de fenômenos como a evocação de memórias pós-traumáticas.

Modelos e mecanismos da memória

Desde o período clássico, foram criados diferentes modelos do funcionamento da memória. Por exemplo, Platão a via como uma tabuleta de cera na qual impressões podiam ser feitas, ou *codificadas*, que seriam depois *armazenadas*, para que mais tarde fosse possível voltar a elas (ou seja, as memórias) e *evocá-las*. Essa distinção tripla entre *codificar*, *armazenar* e *evocar* permanece entre os cientistas até hoje. Outros filósofos do período clássico associavam as memórias a pássaros em um viveiro ou a livros em uma biblioteca, ressaltando a dificuldade de recuperar as informações depois de terem sido arquivadas – isto é, de pegar o pássaro certo ou de localizar o livro desejado.

Teóricos contemporâneos passaram a ver a memória como um processo *seletivo* e *interpretativo*. Em outras palavras, ela é mais do que o simples armazenamento passivo de informações. Além disso, depois de aprender e armazenar novas informações, podemos selecionar, interpretar e integrar uma coisa a outra – para fazer um melhor uso do que aprendemos e lembramos. É possível que esta seja uma das razões pelas quais os especialistas em xadrez tenham mais facilidade de lembrar da posição das peças no tabuleiro, ou por que os torcedores de futebol achem mais fácil lembrar de todos os placares do final de semana: graças ao seu vasto

2. Pássaros em um viveiro – evocar a memória correta já foi comparado a pegar o pássaro certo em um viveiro cheio de aves.

conhecimento e às conexões entre os diferentes elementos desse conhecimento.

Ao mesmo tempo, nossa memória está longe de ser perfeita, como resumiu o escritor e filósofo C. S. Lewis:

> Cinco sentidos; um intelecto abstrato incurável; uma memória seletiva desorganizada; um conjunto de preconceitos e suposições tão numeroso que eu nunca sou capaz de exami-

nar mais do que uma pequena parte deles – sem nunca me tornar consciente de todos. Quanto da realidade inteira um aparato como esse deixa passar?

Ainda assim, há coisas que precisamos lembrar e outras que não. Como já percebemos, aquilo que precisamos lembrar muitas vezes tem um significado evolutivo: em situações de "ameaça" ou "recompensa" (sejam elas reais ou percebidas como tal), mecanismos cognitivos e cerebrais são postos em ação para nos ajudar a lembrar melhor.

Essa linha de pensamento levou muitos pesquisadores contemporâneos a considerar que os *mecanismos da memória são mais bem descritos como uma atividade* – ou *processo* – *dinâmica* do que como uma *entidade estática*.

A tradição de Ebbinghaus

Observações pessoais e relatos sobre a memória podem ser esclarecedores e divertidos, porém muitas vezes se originam da experiência específica de um indivíduo em particular. E, por isso, pode-se considerar em que medida a) são "reais" do ponto de vista objetivo e b) podem ser generalizados de modo universal para todos os indivíduos. Pesquisas científicas sistemáticas podem oferecer uma observação única dessas questões. Algumas das pesquisas clássicas sobre memória e esquecimento foram feitas por Hermann Ebbinghaus no final do século XIX. Ele estudou 169 listas de treze sílabas sem sentido. Cada sílaba era formada por um trio de consoante-vogal-consoante "sem sentido" (por exemplo, PEL). Ebbinghaus estudou cada uma dessas listas em intervalos que iam de 21 minutos a 31 dias. Ele estava especialmente interessado em saber quanto esquecimento havia ocorrido ao longo daquele período e usava uma "tabela de economia" (isto é, de quanto tempo levava para reaprender a lista) como medida de quanto havia esquecido.

Ebbinghaus percebeu que o índice de esquecimento era mais ou menos exponencial: que era rápido a princípio (logo após o material ter sido aprendido), mas diminuía gradualmente. Portanto, ele é logarítmico, e não linear. Essa constatação resistiu bem ao teste do tempo e se mostrou aplicável a uma série de materiais e condições de aprendizagem diferentes. Então, se você parar de estudar inglês após terminar a escola, irá apresentar um rápido declínio em seu vocabulário de inglês nos primeiros doze meses. Mas o índice pelo qual você esquece esse vocabulário irá desacelerar gradualmente com o tempo. Tanto que, se estudar inglês de novo cinco ou dez anos mais tarde, poderá ficar surpreso com o quanto realmente reteve (em comparação com o quanto lembrava alguns anos antes).

Outra característica interessante da memória percebida por Ebbinghaus é que, mesmo tendo "perdido" informações, tais como parte do seu vocabulário de inglês, é possível reaprender essas informações muito mais rápido do que alguém que nunca estudou inglês antes (ou seja, esse é o conceito de "economia"). Isso significa que deve haver um traço residual dessas informações "perdido" no seu cérebro. Este ponto também confirma a importante questão relativa ao conhecimento *consciente* em oposição ao conhecimento *inconsciente*, de que iremos tratar mais adiante: obviamente não estamos conscientes desse vocabulário de inglês "perdido", mas resultados de pesquisas sobre as informações preservadas indicam que deve haver alguma retenção da memória gravada em nível inconsciente. Uma questão intimamente ligada a essa é levantada pelo conceituado psicólogo B. F. Skinner quando afirma que "a educação é o que permanece após o que foi aprendido ter sido esquecido". E poderíamos acrescentar: "conscientemente esquecido, mas retido de alguma forma residual".

A obra clássica de Ebbinghaus sobre o assunto, *On Memory* [Sobre a memória], foi publicada em 1885. Ela traz muitas das contribuições de Ebbinghaus para a pesquisa da memória, incluindo as sílabas sem sentido, a identificação do esquecimento exponencial e o conceito de economia (além de vários problemas de memória sobre os quais Ebbinghaus trabalhou de modo sistemático em sua pesquisa, tais como a influência da repetição, a forma da curva de esquecimento e a comparação entre o aprendizado de poesia e de sílabas sem sentido). A grande vantagem da metodologia experimental praticada por ele é que ela controla vários fatores externos que poderiam influenciar a memória (e causar distorções). Ebbinghaus descreveu suas sílabas sem sentido como "desassociadas de maneira uniforme" – o que ele via como uma das qualidades de sua abordagem. Mas ele poderia ser criticado por não usar materiais mais significativos para a memória. Alguns pesquisadores defendem que a abordagem de Ebbinghaus tende a simplificar demais a memória, reduzindo suas sutilezas a uma série de componentes artificiais e matemáticos. O risco de tal abordagem é de que – apesar de empregarmos o rigor científico e com isso sermos capazes de separar os mecanismos da memória em partes que podem ser manuseadas – podemos eliminar exatamente os aspectos da memória humana que são mais intrínsecos (e definidores) ao funcionamento da memória no dia a dia. Por isso, uma importante questão vem a seguir: em que medida as descobertas de Ebbinghaus podem ser generalizadas para a memória humana como um todo?

A tradição de Bartlett

A segunda grande tradição em pesquisa sobre memória é exemplificada pelo trabalho de Frederick Bartlett, realizado na primeira metade do século XX – ou seja, muitas décadas depois de Ebbinghaus. Em seu livro *Remembering* [Lembrar], publicado em 1932, Bartlett desafiou a tradição de Ebbinghaus, que na época dominava esse campo de pesquisa. Ele argumentava que o estudo de sílabas sem sentido não nos diz muito sobre a forma como a memória humana opera no mundo real. E levantou uma questão importante: quantas pessoas passam a vida lembrando de sílabas sem sentido? Ao contrário de Ebbinghaus, que tentou eliminar

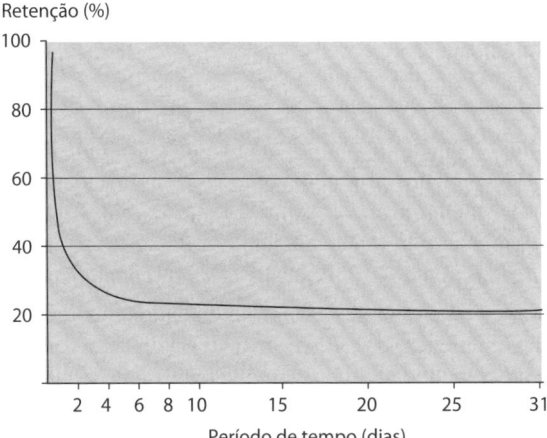

3. Ebbinghaus percebeu que o índice de esquecimento dos trios de consoante-vogal-consoante que decorou era mais ou menos exponencial (isto é, que era rápido a princípio, mas diminuía gradualmente).

o sentido de seus materiais de teste, Bartlett se concentrou no oposto – em materiais com sentido (ou, de maneira mais específica, materiais para os quais tentamos dar algum sentido). Eles eram aprendidos e lembrados pelos participantes das pesquisas de Bartlett sob condições relativamente normais. De fato, parece ser um elemento fundamental da "condição humana" que, em nosso estado natural, normalmente tentemos dar sentido aos eventos que acontecem ao nosso redor. Esse princípio é ressaltado em grande parte do trabalho de Bartlett. Em um de seus estudos mais influentes, os participantes eram solicitados a ler uma história em silêncio (a mais famosa das histórias utilizadas era "A guerra dos fantasmas") e, mais tarde, tentavam recordar da história.

Bartlett descobriu que os indivíduos recordavam de cada história à sua própria maneira, mas também percebeu algumas tendências gerais:

- quando lembradas, as histórias tendiam a se tornar mais curtas;
- as histórias se tornavam mais coerentes: ou seja, as pessoas pareciam dar sentido a materiais não familiares e para isso faziam ligações entre esses materiais e suas ideias, conhecimento geral e expectativas culturais preexistentes;
- as mudanças feitas pelas pessoas quando se lembravam de uma história tendiam a estar associadas às reações e emoções que elas experimentaram quando a leram pela primeira vez.

Segundo Bartlett, o que as pessoas lembram é, até certo ponto, mediado por seu comprometimento emocional e pessoal – e seu interesse – com o evento original a ser lembrado. Nas palavras de Bartlett, a memória retém "um detalhe excepcional", enquanto que o restante do que lembramos representa uma elaboração que é apenas influenciada pelo evento original. Bartlett dizia que a característica principal da memória era ser "reconstrutiva" e não "reprodutiva". Em outras palavras, em vez de *reproduzirmos* o evento ou a história original, geramos uma *reconstrução* baseada em nossos pressupostos, expectativas e "conjunto mental" já existentes.

Por exemplo, pense em como duas pessoas que torcem para países diferentes (Inglaterra e Alemanha) relatam os eventos de um jogo de futebol a que acabaram de assistir (a seleção da Inglaterra contra a seleção da Alemanha). Os mesmos eventos objetivos aconteceram em campo, mas o torcedor da Inglaterra provavelmente irá relatá-los de uma maneira bem diferente do que o torcedor da seleção alemã. E, quando duas pessoas assistem ao mesmo filme, as memórias do filme relatadas podem ser parecidas, mas também apresentarão diferenças significativas. Por que os relatos são diferentes? Isso depende de seus interesses, motivações e reações emocionais – isto é, de como elas assimilaram a narrativa. Da mesma maneira, alguém que votou para o atual governo nas últimas eleições pode lembrar de eventos relacionados a um importante acontecimento nacional (uma guerra, por exemplo) de um jeito muito diferente de alguém que votou para o atual partido de oposição. (Esses exemplos também fazem alusão à maneira pela qual fatores sociais – inclusive estereótipos – podem influenciar a nossa memória dos eventos.)

Há, portanto, uma diferença crucial entre a abordagem da memória de Ebbinghaus e a de Bartlett. A essência do argumento de Bartlett é que o indivíduo tenta dar sentido ao que observa no mundo e que isso influencia sua memória dos eventos. Isso pode não ser levado em conta em uma experiência de laboratório que usa materiais relativamente abstratos e sem sentido, tais como as sílabas empregadas por Ebbinghaus. Entretanto, Bartlett argumentava que, em um ambiente mais natural, a *busca pelo sentido* é uma das características mais significativas do modo como nossa memória trabalha no mundo real.

A construção da memória

Como vimos no trabalho de Bartlett, a memória não é uma cópia fiel do mundo, não é como um DVD ou uma gravação em vídeo. Talvez seja mais útil pensar nela como uma influência do mundo sobre o indivíduo. De fato, a *abordagem construtivista* descreve a memória como a combinação das influências do mundo com as ideias e expectativas da pessoa. Por exemplo, a experiência de cada pessoa que assiste a um filme será diferente porque trata-se de indivíduos diferentes, que se baseiam em passados pessoais diferentes e que têm valores, pensamentos, objetivos, sentimentos, expectativas, humores e experiências diferentes. Elas podem ter sentado lado a lado no cinema, mas com certeza viveram filmes subjetivamente diferentes. Um evento, enquanto acontece, é construído pela pessoa que o experimenta. E essa construção é muito influenciada pela memória do "evento" (neste caso, a exibição do filme), mas também é produto das características e idiossincrasias de cada um (tudo isso tem um papel fundamental na maneira como o evento é vivido, *codificado* e, consequentemente, *armazenado*).

Mais tarde, ao tentarmos lembrar daquele evento, enquanto algumas partes do filme vêm à mente de forma instantânea, outras são reconstruídas por nós – a partir das partes que lembramos, que sabemos ou acreditamos ter acontecido (o que provavelmente é baseado em nossos processos inferenciais sobre o mundo, combinados com os elementos do filme que recordamos.) Na verdade, somos tão bons nessa reconstrução (ou "preenchimento das lacunas") que muitas vezes ignoramos de maneira consciente que isso tenha acontecido. É mais provável que isso ocorra quando uma memória é contada e recontada na presença de diferentes influências a cada evocação (veja a referência às técnicas de reprodução em série repetida de Bartlett citadas na página 21). Em tais situações, a memória "reconstruída" muitas vezes parece tão real quanto a memória "recordada". Isso é especialmente preocupante quando pensamos no quanto as pessoas podem achar que "lembram" de detalhes cruciais no testemunho de um assassinato ou em uma experiência pessoal de abuso infantil, quando – pelo contrário – podem estar "reconstruindo" esses eventos e acrescentando informações que faltam a partir de seu conhecimento geral do mundo (veja o Capítulo 4).

À luz dessas considerações, o ato de lembrar tem sido comparado à tarefa de um paleontologista, que reconstrói um dinossauro a partir de um conjunto incompleto de ossos, mas que possui grande conhecimento geral sobre o assunto. Nessa analogia, o evento passado nos deixa com acesso a um conjunto incompleto de ossos (com ocasionais ossos "estranhos" que não derivam do evento passado). O esforço em usar esses ossos para montar algo que se pareça com o episódio sofre influência do nosso conhecimento de mundo. A memória que montamos pode conter alguns elementos reais do passado (isto é, alguns ossos reais), mas – do ponto de vista do conjunto – é uma reconstrução imperfeita do passado localizada no presente.

"A guerra dos fantasmas"

Quando Bartlett seguiu a linha de Ebbinghaus e tentou fazer experiências usando sílabas sem sentido, o resultado foi, como ele mesmo afirmou, "decepcionante e de uma crescente insatisfação". Em vez disso, ele decidiu usar textos comuns e "interessantes por si mesmos" – o tipo de material que Ebbinghaus tinha, na verdade, rejeitado.

Bartlett usou dois métodos básicos em suas experiências. A *reprodução em série* é algo parecido com o jogo de telefone sem fio. Uma pessoa passa algumas informações para uma segunda pessoa, que então passa as mesmas informações para uma terceira, e assim por diante. A "história" que chega à última pessoa do grupo é então comparada com a original.

Na *reprodução repetida* alguém é solicitado a repetir a informação em certos intervalos (de quinze minutos a alguns anos) depois de tê-la aprendido pela primeira vez.

O texto mais famoso utilizado por Bartlett para investigar a recordação é um conto folclórico norte-americano chamado "A guerra dos fantasmas":

> Certa noite, dois jovens de Egulac foram até o rio caçar lontras, e, enquanto estavam lá, tudo se tornou enevoado e tranquilo. Eles então ouviram gritos e pensaram: "Talvez estejam se preparando para atacar". Escaparam para a beira do rio e se esconderam atrás de um tronco. Logo canoas se aproximaram, eles ouviram o som dos remos e viram uma das canoas vindo em sua direção. Havia cinco homens nela que disseram:
> "O que vocês estão pensando? Nós queremos levá-los conosco. Vamos subir o rio para fazer guerra contra o povo." Um dos jovens respondeu: "Eu não tenho flechas". "As flechas estão na canoa", disseram. "Não vou junto. Posso ser morto. Meus parentes não sabem para onde eu fui. Mas você", disse, voltando-se para o outro, "deveria ir com eles." Então um dos jovens foi, e o outro voltou para casa.
> Os guerreiros subiram o rio até uma cidade no outro lado do Kalama. O povo veio até o rio, começaram as lutas e muitos foram mortos. Mas logo o jovem ouviu um dos guerreiros

dizer: "Rápido, vamos para casa: esse índio foi atingido". E pensou: "Oh, eles são fantasmas". Ele se sentia bem, mas lhe disseram que havia levado um tiro.
As canoas voltaram para Egulac, o jovem foi para casa e acendeu o fogo. E contou a todos: "Vejam, eu acompanhei os fantasmas e fomos à luta. Muitos dos nossos companheiros foram mortos e muitos dos que nos atacaram foram mortos. Eles disseram que eu fui atingido e eu não sinto nada".
Ele contou tudo e depois ficou em silêncio. Quando o sol nasceu, ele caiu. Algo preto saiu de sua boca. Seu rosto ficou contorcido. As pessoas, horrorizadas, gritavam. Ele estava morto.

Bartlett escolheu essa história porque ela não tem relação com a cultura narrativa inglesa de seus participantes e parece ser desarticulada e um tanto incoerente para os ouvidos anglo-saxões. Ele previu que essas características iriam ressaltar as alterações quando os participantes tentassem reproduzi-la.

A seguir está a tentativa de uma pessoa repetir a história pela quarta vez, meses após a ter escutado pela primeira vez:

Dois jovens foram ao rio caçar lontras. Eles estavam escondidos atrás de uma rocha quando um barco com alguns guerreiros se aproximou deles. Os guerreiros, no entanto, disseram que eram amigos, e convidaram os jovens a ajudá-los a lutar contra um inimigo do outro lado do rio. O mais velho disse que não poderia ir porque seus parentes ficariam muito nervosos se ele não voltasse para casa. O mais jovem foi com os guerreiros no barco.
Na noite em que ele voltou, contou aos amigos que tinha lutado em uma grande batalha e que muitos haviam sido mortos. Depois de acender a fogueira, ele foi dormir. De manhã, quando o sol nasceu, ele estava doente e seus vizinhos foram vê-lo. Ele contou que havia sido ferido durante a batalha, mas que não havia percebido. Ele logo piorou: se contorceu, urrou e caiu morto no chão. Algo preto saiu de sua boca. Os vizinhos disseram que ele devia ter ido à guerra com os fantasmas.

A partir dessas experiências, Bartlett concluiu que as pessoas tendem a racionalizar o material que estão lembrando. Em outras palavras, elas tentam fazer o material ser mais fácil de compreender e o transformam em algo com que se sintam mais confortáveis. A descrição do próprio Bartlett sobre o que estava acontecendo é:

> O ato de lembrar não é a reativação de incontáveis vestígios fixos, sem vida e fragmentados. É uma reconstrução ou construção imaginativa feita a partir da relação entre nossa atitude e toda uma massa ativa de reações ou experiências passadas organizadas, e de um pequeno detalhe relevante que comumente surge em forma de imagem ou linguagem. E por isso é raro que seja exato, mesmo nos casos mais simples de recapitulação de rotinas...

Nesse contexto, não é de admirar que muitas vezes as pessoas achem que não podem confiar muito em suas memórias, ou que o relato de duas pessoas que observaram o mesmo evento seja um tanto diferente.

Depois de analisar duas das figuras mais influentes na pesquisa experimental da memória, passaremos a examinar métodos e descobertas mais contemporâneos.

Como estudamos a memória hoje

A memória pode ser estudada de várias maneiras e em muitas situações. Pode ser manipulada e estudada no "mundo real". No entanto, grande parte da pesquisa objetiva sobre a memória conduzida até hoje inclui trabalhos experimentais, nos quais diferentes manipulações são comparadas sob condições controladas (normalmente, em um ambiente de laboratório) envolvendo um conjunto de palavras ou outros materiais a serem lembrados. A manipulação pode incluir qualquer variável que possa influenciar a memória, tais como a natureza do material (por exemplo, estímulo verbal *versus* estímulo visual), a familiaridade do material, o grau de semelhança entre as condições de estudo e de teste, e o nível de motivação para aprender. Tradicionalmente, os pesquisadores experimentais estudaram a memória dos seguintes tipos de estímulos: listas de palavras, estímulos não verbais, como os usados por Ebbinghaus, e outros materiais comuns, como números ou figuras (outros tipos de materiais também foram utilizados; entre eles estão textos, histórias, poemas, anotações e acontecimentos da vida).

Ao longo das últimas décadas, grande parte da pesquisa empírica conduzida sobre a memória foi interpretada no contexto do processamento da informação e de modelos computadorizados da memória que foram adotados pelos mais experimentalistas após a Segunda Guerra Mundial. Dentro dessa estrutura, considera-se amplamente que as propriedades funcionais por trás da memória humana (e outros aspectos do funcionamento cognitivo) refletem o tipo de processamento de informações encarnados pelo computador moderno. (É comum esse tipo de metáfora se referir às propriedades funcionais, ou ao *software*, do computador, e não ao seu *hardware*.) Estudos mais recentes normalmente envolvem um número muito maior de participantes do que o testado nos trabalhos conduzidos por Ebbinghaus e Bartlett. Eles com frequência se concentravam no exame de casos individuais (incluindo – no caso de Ebbinghaus – ele mesmo!). Os resultados dos estudos de grupo podem ser analisados por meio de poderosas técnicas de estatística inferencial que permitem interpretar de maneira objetiva o tamanho e o significado dos resultados obtidos.

Observação e inferência: a pesquisa sobre memória na Era Moderna

A memória é evidente a ponto de um evento influenciar um comportamento posterior. Mas como saber se esse comportamento posterior foi influenciado pelo evento passado? Na última parte deste capítulo, vamos examinar algumas técnicas utilizadas pelos pesquisadores contemporâneos da memória.

Experimente: anote as primeiras quinze peças de mobiliário que lhe vierem à cabeça. Depois, compare sua lista com a que está na página 29. É provável que haja muitas coincidências. Se você tivesse estudado uma lista de móveis e mais tarde fosse solicitado a lembrar de seus itens, poderia se concluir de maneira lógica que o fato de você listar um determinado móvel está diretamente ligado à sua memória dos itens da lista antes apresentada? Essa não é uma inferência válida: você deverá lembrar conscientemente de alguns itens da lista apresentada, outros serão resultado de uma influência indireta ou inconsciente do estudo da lista apresentada, e você ainda poderá pensar em alguns itens só porque eles são móveis (isto é, não como resultado do estudo da lista). Portanto, não se pode necessariamente concluir que o estudo da lista é uma boa medida da sua memória da lista (porque as coincidências podem acontecer por qualquer uma das razões recém-mencionadas).

Esse exercício representa uma questão importante na pesquisa sobre a memória. Como já percebemos, ela nunca é observada diretamente (diferente, digamos, de uma tempestade ou de uma reação química) – pelo contrário, normalmente é medida por meio de uma alteração observada na execução de uma tarefa que é projetada para medir a memória. Mas a execução de tal tarefa será influenciada por outros fatores (como motivação, interesses, conhecimento geral e processos de raciocínio associativo de cada um), assim como será influenciada pela memória individual do evento original. É muito importante ter cuidado com o que é i) *observado* (influenciado por outros fatores que não a memória em si) e ii) *inferido*, quando conduzimos uma pesquisa sistemática sobre as propriedades funcionais da memória.

Para tratar desse problema, a pesquisa sobre a memória normalmente é conduzida com a comparação entre diferentes grupos de participantes (ou diferentes manipulações da memória), organizados de tal maneira que o "evento passado" ou manipulação ocorre para um grupo, mas não para os outros. Os grupos de participantes são escolhidos para que sejam equivalentes (ou pelo menos bastante similares) em todas as dimensões potencialmente relevantes: por exemplo, normalmente os grupos não diferem em idade, educação ou inteligência. Esse tipo de modelo de pesquisa é a base para grande parte do material (senão todo) discutido neste livro. A sequência lógica é: como a única diferença conhecida e relevante entre os grupos de participantes é a presença ou ausência da memória do evento ou manipulação, presume-se que as diferenças observadas mais tarde entre os grupos são reflexo da memória do evento. No entanto, é importante notar que isso é uma suposição (muito embora, normalmente, razoável); além disso, é essencial determinar que não há outras diferenças entre os grupos de indivíduos avaliados que possam afetar o resultado da investigação sobre a memória.

Eis um exemplo dessa abordagem, tirado da investigação sistemática do fenômeno proposto do "aprendizado durante o sono". Imagine que você ouviu gravações com informações durante o sono com a esperança ou a expectativa de lembrar delas mais tarde. Como avaliar se o experimento foi eficaz? Para responder a essa pergunta, é preciso apresentar algumas informações para as pessoas durante o sono, depois acordá-las e observar se o seu comportamento a seguir reflete qualquer memória das informações apresentadas a elas enquanto dormiam. Wood, Bootzin, Kihlstrom e Schacter conduziram um experimento que fazia isso. Enquanto as pessoas dormiam, os pesquisadores leram em voz alta pares com o nome de uma categoria e o nome de um membro dessa categoria (por exemplo, "um metal: ouro"). Cada par de palavras *categoria: item* era repetido várias vezes. Depois de dez minutos, os participantes do estudo que estavam dormindo durante a apresentação do estímulo eram acordados e solicitados a dar exemplos para determinadas categorias (tais como "metais") que lhes viessem à mente. Os pressupostos por trás desse estudo eram que, se eles se lembrassem de ter ouvido as palavras lidas em voz alta enquanto dormiam, seria mais provável que incluíssem "ouro" na lista de nomes de metais que geraram a seguir.

No entanto (de acordo com as considerações já mencionadas), para se fazer uma inferência objetiva sobre as informações lembradas não é suficiente observar apenas a frequência com que os exemplos apresentados durante o sono aparecem na lista gerada a seguir. Por exemplo, muitas pessoas – quando solicitadas a pensar em metais – mencionariam o ouro, mesmo sem terem ouvido essa palavra enquanto dormiam. De acordo com os princípios do bom método de pesquisa, os pesquisadores podem superar esse problema examinando a diferença entre o desempenho de um grupo-controle, ou de comparação, e o de um grupo ou condição experimental.

Em sua pesquisa, Wood e seus colaboradores fizeram duas comparações. A primeira foi entre grupos: alguns participantes estavam acordados enquanto ouviam pares de palavras enquanto os outros dormiam. Como participantes controle foram colocados de forma randômica tanto no grupo "adormecido" quanto no grupo "desperto", a comparação entre a frequência do aparecimento das palavras em questão nos dois grupos mostrou se as pessoas eram mais influenciadas por i) apresentações enquanto estavam despertas ou por ii) apresentações durante o sono. De fato, as pessoas que estavam acordadas durante a apresentação dos pares tinham duas vezes mais probabilidade de listar os exemplos em questão, em comparação com as que estavam dormindo. Essa comparação em particular mostra (talvez sem surpresas) que aprender acordado é melhor do que aprender dormindo. No entanto, observe que ela não exclui a possibilidade de que o desempenho daqueles que dormiam possa ter sido influenciado de modo benéfico pelas apresentações anteriores dos pares de palavra *categoria: item*.

Por isso, os pesquisadores fizeram outra importante comparação, que consistia em repetir suas medições de uma forma bastante inteligente. Foram usadas duas listas de pares de palavras distintas nesse estudo – uma continha "um metal: ouro" e a outra "uma flor: amor-perfeito". Cada participante ouviu apenas uma das listas enquanto dormia, mas *todos* foram testados em relação a *ambas* as categorias listadas depois de despertarem. Esse procedimento permitiu aos pesquisadores comparar a frequência com que as pessoas, depois de acordadas, davam exemplos de categorias que haviam sido lidas para elas em comparação às que não haviam sido lidas. Em outras palavras, diversas observações foram feitas para cada participante do estudo e elas foram então comparadas.

Quando a comparação foi feita com os indivíduos que ouviram alguns dos pares *categoria: item* enquanto dormiam, os resultados indicaram que não houve diferença real entre os subsequentes relatos de exemplos de categorias-chave por parte desses indivíduos a) quando os exemplos haviam sido ouvidos, em oposição a b) quando os exemplos não haviam sido ouvidos. Por outro lado, se as pessoas estavam acordadas durante a apresentação das palavras, uma comparação análoga entre a) e b) mostrou que as apresentações das listas tiveram uma influência significativa na memória subsequente dos exemplos-chave.

Resumo

Percebemos neste capítulo que a memória é essencial para praticamente tudo o que fazemos. Sem ela, não seríamos capazes de falar, ler, orientar-nos no ambiente, identificar objetos ou manter relacionamentos pessoais. Observações pessoais e casos sobre a memória podem ser reveladores e divertidos, mas muitas vezes se originam da experiência específica de um determinado indivíduo. Pode-se, portanto, questionar em que medida tais observações podem ser generalizadas de maneira universal, isto é, para todos os indivíduos. Vimos nos trabalhos de Ebbinghaus e Bartlett como a pesquisa sistemática pode fornecer observações cruciais sobre as propriedades funcionais da memória humana. Mais recentemente, foi possível analisar as propriedades funcionais por trás da memória de maneira sistemática utilizando poderosas técnicas de observação e estatística que nos permitiram interpretar o tamanho e o significado dos resultados obtidos em experimentos cuidadosamente controlados. Os próximos capítulos irão tratar de algumas das mais relevantes descobertas obtidas em tais estudos. Como veremos, é mais correto tratar a memória como uma *atividade* do que como uma *coisa*. Além disso, um dos aspectos mais importantes das recentes descobertas científicas é que, em vez de ser percebida como entidade única ("minha memória" isso... ou "minha memória" aquilo...), agora sabemos que a memória representa um conjunto de várias capacidades diferentes. Trataremos dessa questão no Capítulo 2.

Lista de móveis (da página 25)

Cadeira	**Guarda-roupa**
Mesa	**Estante**
Banco	**Mesa**
Cristaleira	**Gabinete**
Cama	**Baú**
Sofá	**Armário**

Capítulo 2
Mapear as memórias

Esta parte do livro vai examinar a questão central de como os sistemas de memória operam e de como diferentes componentes da memória funcional podem ser definidos. Será enfatizado que qualquer sistema de memória, seja ele o cérebro humano (também considerado "o sistema mais complexo do universo conhecido"), o disco rígido de um computador, um gravador de vídeo ou um simples arquivo de escritório, precisa i) codificar, ii) armazenar e iii) recuperar informações de forma efetiva se seu objetivo é funcionar bem. A memória pode falhar se houver dificuldades em qualquer um desses processos. Tendo isso claro, vamos analisar as maneiras como os diferentes processos componentes da memória foram definidos. Defendo aqui que nossas impressões pessoais sobre ter uma boa ou má memória (no singular) são incorretas. Em comparação, grande parte das pesquisas conduzidas nos últimos cem anos tanto com participantes saudáveis como com pacientes clínicos com lesões cerebrais ilustra como a memória é dividida em múltiplos e distintos componentes. A distinção fundamental entre memória a) de curto prazo e b) de longo prazo (muitas vezes confundidas tanto por profissionais de saúde quanto por leigos) será feita com o uso de analogias apropriadas. Diferentes elementos funcionais das memórias de curto e longo prazo serão analisados. Este capítulo fornecerá uma estrutura conceitual dentro da qual grande parte do material apresentado no livro poderá ser compreendida.

A lógica da memória: codificar, armazenar e recuperar

Eis o alecrim para relembrar; reze, ame, lembre.
Shakespeare, *Hamlet*

Qualquer sistema de memória eficiente – seja um gravador de áudio ou de vídeo, o disco rígido do seu computador ou mesmo um simples arquivo de escritório – precisa desempenhar bem três funções:

1. *codificar* (isto é, receber ou adquirir) informações;
2. *armazenar* ou reter essas informações de maneira fiel e, no caso da memória de longo prazo, durante um grande período de tempo;
3. *recuperar* ou acessar as informações armazenadas.

Usando a analogia do arquivo de escritório, primeiro você arquiva um documento em um local específico. O documento é mantido naquele local e, quando precisar, você o recupera do arquivo. Entretanto, a menos que haja um bom sistema de busca, você não conseguirá encontrar o documento com facilidade. Assim, a memória não envolve apenas a recepção e o armazenamento de informações, mas também a habilidade de recuperá-las. Os três componentes precisam funcionar bem para que nossa memória funcione de forma eficiente.

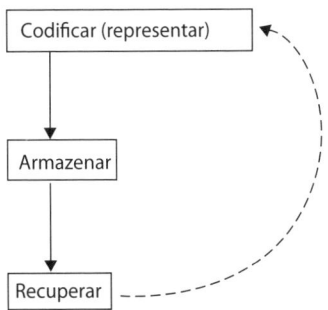

4. A distinção lógica entre codificar, armazenar e recuperar é fundamental quando tratamos do funcionamento da memória humana.

Os problemas de codificação muitas vezes estão relacionados à falta de atenção, enquanto dificuldades de armazenagem são o que comumente chamamos de esquecimento. Em relação à recuperação, uma importante distinção é feita entre *disponibilidade* e *acessibilidade*. Por exemplo, às vezes não conseguimos lembrar o nome de alguém, mas parece que ele está na ponta da língua. Podemos saber qual é a primeira letra do nome e o número de sílabas, mas simplesmente não conseguimos dizer a palavra em si. Não é de surpreender que isso seja chamado de "fenômeno da ponta da língua". Sabemos que a informação está armazenada em algum lugar e podemos ter conhecimento parcial sobre ela (a informação, em teoria, está disponível), mas ela não está acessível no momento. Há uma quantidade enorme de informações armazenadas na memória que está potencialmente disponível, mas em geral há apenas uma pequena porção disponível para acesso a qualquer momento.

A memória pode falhar devido ao bloqueio de um ou mais desses três componentes (*codificação, armazenagem* e *recuperação*). No exemplo do fenômeno da ponta da língua, o componente de recuperação é que está falhando. Os três são necessários para uma memória eficiente, mas nenhum componente é suficiente por si só: essa é a lógica fundamental da memória.

Diferentes tipos de memória: a estrutura funcional do ato de lembrar

Platão e seus contemporâneos baseavam suas especulações sobre a mente em suas impressões pessoais. Isso ainda acontece hoje – especialmente entre pessoas que encaram as descobertas sistemáticas sobre cérebro e mente como "apenas senso comum". No entanto, agora temos informações experimentais (ou *empíricas*) nas quais podemos basear nossas teorias. Conduzimos estudos experimentais rigorosamente controlados para coletar informações objetivas sobre os trabalhos da memória humana (ver Capítulo 1). E, como veremos, várias dessas descobertas contradizem o "senso comum" no qual muita gente confia.

Os pesquisadores aplicaram numerosas técnicas sistemáticas em seus esforços para entender a memória. Uma das abordagens tem sido subdividir o vasto campo da memória em áreas que pareçam funcionar de modo diferente umas das outras. Pense no que você estava vestindo da última vez em que chegou em casa. De que forma essa memória difere de lembrar quais meses do ano têm trinta dias, ou de listar os números primos entre vinte e trinta, ou de lembrar como se faz um omelete? Do ponto de vista intuitivo, essas memórias parecem ser de tipos diferentes. Mas quais são as evidências científicas? Na verdade, uma das maiores descobertas nos últimos cem anos é a de que a memória é uma entidade com múltiplos componentes (em vez de ser monolítica). Discutiremos tais distinções mais adiante neste capítulo e em outras partes do livro.

Na década de 1960, as subdivisões da memória baseadas em modelos de processamento da informação se tornaram populares. Como consequência do desenvolvimento rápido da tecnologia da informação que ocorreu após a Segunda Guerra Mundial, houve um crescimento substancial na compreensão dos requisitos dos depósitos de informações durante o processamento computacional. Foi então desenvolvido um modelo de processamento da memória em três etapas que alcançou sua elaboração plena no modelo proposto por Atkinson e Shiffrin na década de 1960. Nesses

5. Modelo modal da memória, descrito pela primeira vez em 1968 por Atkinson e Shiffrin. Este modelo ofereceu uma estrutura heurística útil para a compreensão da memória.

modelos em etapas, considerava-se que as informações eram primeiro mantidas por um breve período em *memórias sensoriais* e, depois de selecionadas, eram transferidas para o *depósito de curto prazo*. A partir dali, uma quantidade ainda menor de informações seguia para o *depósito de memória de longo prazo*.

As características dos diferentes depósitos são definidas abaixo.

Depósito sensorial

O depósito sensorial parece operar abaixo do limite da consciência. Ele recebe informações dos sentidos e as mantém por cerca de um segundo enquanto decidimos ao que vamos dar atenção. Um exemplo disso é o "fenômeno do coquetel", quando ouvimos nosso nome ser mencionado em uma conversa em outro lugar da sala e automaticamente dirigimos nossa atenção para lá. Outra experiência comum é que podemos pedir a alguém para repetir uma ação ou algo que foi dito (acreditando que tenha sido esquecido), ao mesmo tempo em que descobrimos que, na verdade, temos acesso às informações que foram apresentadas anteriormente. Na memória sensorial, o que ignoramos é rapidamente perdido e não pode ser recuperado; desaparecendo como – do ponto de vista sensorial – a luz ou o som se dissipam. Às vezes é possível captar o eco de algo que alguém acabou de dizer quando você não estava prestando atenção, mas um segundo mais tarde isso desaparece completamente.

As evidências objetivas dos depósitos de *memória sensorial* vêm de experimentos tais como os conduzidos por Sperling em 1960. Sperling apresentou muito rapidamente (por exemplo, por cinquenta milissegundos) cartazes com doze letras aos participantes. Apesar de os participantes só terem conseguido relatar cerca de quatro letras, Sperling suspeitava de que talvez eles fossem capazes de se lembrar de mais letras, mas a informação se dissipara muito rápido para que fosse relatada. Para testar essa hipótese, Sperling projetou uma matriz visual de modo muito engenhoso, na qual as letras estavam dispostas em três linhas. Logo após a apresentação do conjunto visual, soava um alarme. Os participantes eram instruídos a relatar apenas parte desse conjunto, de acordo com a frequência do alarme. Ao utilizar o *procedimento de relato parcial*, Sperling percebeu que as pessoas conseguiam se lembrar de cerca de três letras de cada uma das linhas com quatro letras – indicando que, por um breve período, cerca de nove entre doze letras tinham o potencial de serem relatadas.

Os pesquisadores inferiram a partir de pesquisas similares que existe um depósito de memória sensorial que guarda por um tempo muito curto uma quantidade relativamente grande de informações perceptivas que continuam a entrar enquanto os elementos selecionados são processados. A memória sensorial para informações visuais foi chamada de *memória icônica* e a para informações auditivas, de *memória ecoica*. As memórias sensoriais geralmente são caracterizadas como ricas (em termos de conteúdo), mas breves (em termos de duração).

Memória de curto prazo

Além das memórias sensoriais, os modelos de processamento da informação defendidos na década de 1960 sustentavam a hipótese de que um ou mais depósitos de curto prazo guardavam as informações por alguns segundos. Ao prestar atenção em algo, transferimos isso para a memória de curto prazo (também conhecida como *memória primária* ou *depósito de curto prazo*), que tem capacidade para cerca de sete itens. Esse depósito é usado quando, por exemplo, digitamos um número de telefone. Ele tem capacidade limitada, tanto que, assim que a memória de curto prazo está cheia, a informação antiga é substituída por uma nova entrada. Pensamentos menos importantes (como um número de telefone para o qual você ligou hoje, mas do qual não vai mais precisar) são mantidos na memória de curto prazo e depois desaparecem.

Se você ligar para o cinema para saber quais filmes estão em cartaz hoje à noite, precisará manter esse número na cabeça por um período de tempo relativamente curto para depois descartá-lo.

Na literatura científica, o depósito verbal de curto prazo recebeu atenção considerável. Sua existência foi inferida – pelo menos em parte – a partir do *efeito recente* em evocação livre. Por exemplo, Postman e Phillips pediram a seus participantes que evocassem listas de dez, vinte e trinta palavras. Na evocação imediata, os participantes tendiam a evocar melhor as últimas palavras que lhes haviam sido apresentadas do que as palavras do meio da lista (efeito recente). No entanto, esse efeito desaparecia se o teste da memória fosse retardado por pelo menos quinze segundos (desde que o atraso envolvesse atividade verbal do participante, como contar de trás para frente). A interpretação de tais resultados foi a de que o efeito recente envolvia os últimos itens da memória que eram recuperados de um depósito de curto prazo com capacidade limitada.

Na década de 1960, Alan Baddaley sugeriu que o depósito verbal de curto prazo retinha informações principalmente em forma acústica ou fonológica. Essa visão foi apoiada pela observação da natureza acústica dos erros que surgiam durante a evocação de curto prazo. Isso acontecia até mesmo quando o material a ser retido era apresentado visualmente, indicando que a informação armazenada era convertida em um código acústico. Conrad e Hull demonstraram que sequências de letras de som similar apresentadas visualmente (P, D, B, V, C, T) eram mais difíceis de evocar corretamente depois de serem apresentadas do que sequências de letras com sons não similares (W, K, L, Y, R, Z).

Memória de longo prazo

Continuar a prestar atenção e deixar as informações entrarem na mente (ou repetir) permite que elas sejam transferidas para o depósito de longo prazo (também conhecido por *memória secundária*), que parece ter capacidade quase ilimitada. As informações mais importantes (novo número de telefone, a senha do cartão do banco ou sua data de nascimento) são colocadas no depósito de longo prazo. O aspecto a longo prazo da memória é o foco principal deste capítulo.

Ao contrário da representação acústica das informações no depósito de curto prazo, acredita-se que as informações da memória de longo prazo sejam armazenadas principalmente de acordo com seu *significado*. Quando as pessoas são solicitadas a lembrar mais tarde de um conjunto de frases significativas que lhes foram apresentadas, normalmente elas não conseguem reproduzir as palavras exatas e apenas relatam o significado ou a essência das frases. Como vimos no Capítulo 1 (quando analisamos o trabalho de Bartlett), a imposição "de cima para baixo" do significado pode levar a distorções e parcialidades na memória, como no caso da história de "A guerra dos fantasmas". Voltaremos ao tema da parcialidade na memória de longo prazo no Capítulo 4, quando examinaremos o *testemunho ocular*.

Modelos como o da memória de três estágios de Atkinson e Shiffrin, apresentado em linhas gerais acima, são úteis para simplificar e representar aspectos da complexidade da memória humana. No entanto, essa mesma complexidade exige ajustes constantes para permitir que esses modelos incorporem observações adicionais. Por exemplo, o modelo de processamento da informação apresentado em acima fez duas suposições fundamentais: i) a informação só pode chegar ao depósito de longo prazo se passar primeiro pelo depósito de curto prazo; e ii) a informação repetida no depósito de curto prazo seria tanto mantida ali, como teria mais chance de ser transferida para o depósito de longo prazo.

Contudo, a primeira dessas suposições foi questionada pela identificação de casos clínicos importantes. Pacientes com lesões cerebrais manifestaram uma capacidade de memória a curto prazo prejudicada e por isso (do ponto de vista do modelo de Atkinson e Shiffrin) depósitos de memória de curto prazo defeituosos. No entanto, aparentemente não apresentavam comprometimento da capacidade de sua memória de longo prazo. A segunda suposição do modelo de Atkinson e Shiffrin foi questionada pelas descobertas feitas em estudos nos quais os participantes repetiam as últimas palavras de uma lista por um período maior, sem apresentar melhora na evocação a longo prazo dessas palavras. Sob algumas circunstâncias, também ficou claro que se deparar com a mesma informação em ocasiões diferentes (o que, logicamente, poderia nos fazer supor que levaria a uma repetição maior) não é suficiente para que essa informação seja retida. Como vimos no Capítulo 1, as pessoas não se saem muito bem quando solicitadas a lembrar de detalhes das moedas que usam em seu cotidiano.

Outra evidência para a distinção entre depósitos de curto e de longo prazo também foi questionada. Como já vimos, o efeito recente na evocação livre era atribuído ao funcionamento do depósito da memória de curto prazo, porque esse efeito diminuía quando os poucos segundos que antecediam a evocação eram preenchidos com uma tarefa verbal, como contar de trás para frente. Contudo, quando os participantes estudavam palavras e contavam de trás para frente depois de cada palavra da lista, os últimos itens eram mais bem lembrados do que os do meio da lista. Esse padrão de descobertas estava em desacordo com o modelo de Atkinson e Shiffrin porque o depósito de curto prazo deveria ter sido "preenchido" com a tarefa de contar de trás para frente – e por consequência não deveria ser possível observar o efeito recente. A codificação semântica (isto é, o processamento da informação em relação ao seu significado) também foi demonstrada no aprendizado de curto prazo sob circunstâncias apropriadas, indicando que a codificação fonológica não é a única forma de codificação relevante para a representação da informação no depósito de curto prazo.

Duas importantes reações seguiram o reconhecimento dos problemas com o modelo de Atkinson e Shiffrin de processamento de informação. Uma delas, associada principalmente a Baddeley e seus colaboradores, era a de refinar o modelo da memória de curto prazo à luz de suas limitações conhecidas. Baddeley e seus colaboradores também procuraram caracterizar ainda mais as funções que a lembrança de curto prazo cumpre na cognição. A mudança de perspectiva levou ao modelo original – depois revisado – de memória de trabalho de Baddeley. A outra reação importante aos problemas identificados no modelo de Atkinson e Shiffrin foi – de maneira mais geral – o questionamento da ênfase dada aos depósitos de memória e suas limitações de capacidade e o foco em uma abordagem alternativa baseada na natureza do processamento que ocorre na memória e nas consequências deste para a lembrança.

Seja qual for o modelo de memória específico mais convincente, muitas teorias da memória fazem uma distinção genérica, porém fundamental, entre os processos de memória de curto e longo prazo. Como veremos, as evidências para a dicotomia entre esses dois tipos de depósitos vêm i) de uma série de experimentos conduzidos em indivíduos normais e saudáveis, e ii) do estudo de pacientes com lesões cerebrais e déficits de memória. Também há evidências convergentes de pesquisas biológicas fundamentais que apoiam a distinção entre os depósitos de memória de curto e longo prazo.

A memória de trabalho

Ainda analisando o depósito de curto prazo, a distinção entre a *memória de curto prazo* e a *memória de trabalho* muita vezes não é clara. A memória de curto prazo foi anteriormente considerada (tanto de maneira explícita quanto implícita) um processo relativamente *passivo*. Entretanto, hoje sabemos que as pessoas fazem mais do que guardar informações no depósito de curto prazo. Por exemplo, se temos uma frase guardada na memória de curto prazo, geralmente conseguimos repetir as palavras da frase na ordem inversa ou recitar a primeira letra de cada palavra da frase. É a esse sentido mais *ativo* da memória de curto prazo que se refere o uso do termo memória de trabalho, porque há operações mentais (ou "trabalho") sendo feitas com as informações mantidas na mente naquele momento. Os termos "memória de trabalho" e "memória de curto prazo" também são muitas vezes usados como sinônimos de *consciência*. Isso porque o conteúdo do qual estamos cientes conscientemente – isto é, que mantemos em mente naquele momento – é mantido em nossa memória de trabalho.

O termo *amplitude* muitas vezes refere-se à quantidade de informação que uma pessoa é capaz de manter na memória de curto prazo. George Miller definiu na década de 1950 que os limites da memória de curto prazo para pessoas jovens e saudáveis normalmente é de dois a sete itens. Os mecanismos por trás da nossa memória de curto prazo são demonstrados quando tentamos lembrar de uma lista de palavras: temos a tendência de lembrar melhor das últimas palavras da lista porque elas ainda estão em nossa memória de curto prazo. Como William Shakespeare observou em *Ricardo II*: "como se o último gosto doce fosse por fim mais doce, mais gravado na lembrança do que o que já passou há muito". Sugeriu-se que a memória de curto prazo está ligada com a velocidade da articulação da fala; então, quanto mais rápido alguém consegue dizer palavras, letras ou números de um fôlego só, mais longa é a amplitude de sua memória de curto prazo.

Hoje há boas evidências de que a memória de trabalho não é uma entidade única, e sim composta de pelo menos três componentes (veja a Figura 6). Baddeley formalizou esses componentes em seu influente modelo de memória de trabalho como o sistema *executivo central* e outros dois sistemas "escravos" – a *alça fonológica* e o *esboço visuoespacial*. Mais tarde, Baddeley acrescentou um *buffer episódico* à revisão de seu modelo. Em relação ao papel funcional desses componentes, foi proposto que i) o executivo central controla a atenção e coordena os sistemas escravos, ii) a alça fonológica contém um depósito fonológico e um processo de controle articulatório, sendo responsável pela fala

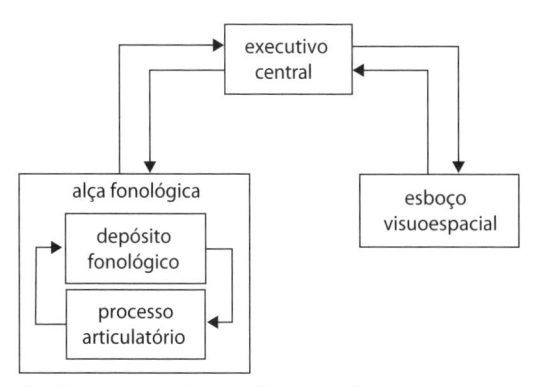

```
                    ┌──────────┐
                    │executivo │
                    │ central  │
                    └──────────┘
                    ↙    ↑↓    ↘
┌─────────────────┐              ┌──────────────┐
│ alça fonológica │              │   esboço     │
│ ┌─────────────┐ │              │ visuoespacial│
│ │  depósito   │ │              └──────────────┘
│ │ fonológico  │ │
│ └─────────────┘ │
│ ┌─────────────┐ │
│ │  processo   │ │
│ │ articulatório│ │
│ └─────────────┘ │
└─────────────────┘
```

6. Em 1974, Alan Baddeley e Graham Hitch propuseram um modelo de memória de trabalho que a subdividia em três componentes básicos: o sistema executivo central, a alça fonológica e o esboço visuoespacial.

interna, iii) o esboço visuoespacial é responsável por montar e manipular as imagens mentais, e iv) o buffer episódico (não demonstrado na figura) integra e manipula materiais na memória de trabalho.

Alça fonológica

Muitas pesquisas se concentraram na *alça fonológica* (ou *articulatória*). Acredita-se que ela tenha um papel importante no desenvolvimento da linguagem e na compreensão de materiais linguísticos complexos em adultos. Sua existência é comprovada por experimentos que demonstram que o desempenho das tarefas da amplitude da memória normalmente depende do uso de códigos articulatórios. Por exemplo, o número de palavras que você pode ouvir e repetir sem errar é uma função da complexidade das palavras. Ao usar uma técnica conhecida como *supressão articulatória*, na qual repete-se (em voz alta ou em silêncio) um simples som ou palavra, como "lá lá lá", a alça fonológica pode ser impedida temporariamente de reter outra informação. Por isso, a comparação do desempenho com e sem a supressão articulatória pode ser usada para demonstrar a contribuição da alça fonológica.

A alça fonológica tem comprimento definido. Ele é caracterizado de melhor forma em número de itens ou em período de tempo? Demonstrou-se que a *amplitude da memória* – isto é, o número de palavras que se pode ouvir e repetir sem errar – está relacionada com o tempo que se leva para pronunciar as palavras. Uma lista de palavras como "gripe, gato, França, Ceará, ferro" é mais fácil de lembrar em um teste de memória de curto prazo do que "enfisema, rinoceronte, Moçambique, Pernambuco, magnésio", mesmo que as duas listas se igualem em termos de número de palavras e de categorias semânticas de onde foram retiradas (a saber: infecções, animais, países, estados brasileiros e metais). No entanto, esse *efeito do comprimento da palavra* é eliminado se os participantes realizarem a supressão articulatória enquanto estudam a lista de palavras. Outro exemplo dos efeitos do comprimento da palavra vem da velocidade variada com que os dígitos de um a dez podem ser pronunciados em diferentes línguas: o tamanho da amplitude da memória do dígito para pessoas que falam diferentes línguas está altamente relacionado com a velocidade com que os dígitos podem ser pronunciados naquela língua. Essas e outras descobertas indicam que a alça fonológica é limitada pelo tempo (e não pelo número de itens).

Esboço visuoespacial

O *esboço visuoespacial*, pelo contrário, oferece um meio para o armazenamento temporário e para a manipulação de imagens. Sua existência é inferida a partir de estudos que demonstram que tarefas espaciais concorrentes interferem umas nas outras no que diz respeito à capacidade da memória de curto prazo. Se você executar duas tarefas simultaneamente (por exemplo, bater na cabeça e esfregar a barriga), a combinação das duas pode sobrecarregar o esboço visuoespacial e, por consequência, o seu desempenho diminui (em comparação com o nível de desempenho quando cada tarefa é executada sozinha). Estudos indicaram que o esboço visuoespacial participa do ato de jogar de xadrez – refletindo a contribuição da memória espacial de curto prazo para o processamento das diferentes configurações das peças em um tabuleiro.

Sistema executivo central

Este é, até o momento, o componente do modelo de memória de trabalho de Baddeley menos bem caracterizado. Acredita-se que ele seja responsável pela mediação dos aspectos de atenção e estratégia da memória de trabalho, e que possa participar da coordenação dos recursos cognitivos entre a alça fonológica e o esboço visuoespacial, se os dois estiverem ativos ao mesmo tempo – por exemplo, se você tentar se lembrar de uma lista de palavras e executar um movimento espacial simultaneamente (como pedimos aos participantes em algumas pesquisas). Ao estudar o sistema executivo central, Badelley e seus colaboradores aplicaram a metodologia de tarefa dupla, na qual uma das tarefas (a primeira) é criada para manter o sistema executivo central ocupado, enquanto a segunda é avaliada para saber se o sistema executivo central está ou não envolvido em sua execução. Quando o desempenho da segunda tarefa sofre por causa da primeira, pode-se concluir que o sistema executivo central está envolvido com a segunda tarefa. A geração de sequências aleatórias de letras é uma das tarefas usadas pelos pesquisadores para ativar o sistema executivo central. Os participantes devem gerar sequências de letras, tomando o cuidado de evitar as que estejam em ordens significativas, como "G-A-T-O", "A-B-C" ou "I-P-V-A". A geração e o monitoramento das escolhas das letras pelos participantes ocupa o sistema executivo central. A memória dos jogadores profissionais de xadrez para as posições de jogos reais foi prejudicada pelo desempenho da tarefa de gerar letras, e não pela supressão articulatória, o que indica que o sistema executivo central (e não a alça fonológica) estava envolvido na lembrança das posições do xadrez. Do ponto de vista clínico, os efeitos da interrupção do sistema executivo central podem ser vistos no tipo de comportamento desorganizado e não planejado observado na "síndrome disexecutiva" (que foi associada a lesões cerebrais no lobo frontal; ver Capítulos 5 e 6).

O buffer episódico

A versão mais recente de memória de trabalho de Baddeley introduziu esse componente funcional. De acordo com seu modelo, as informações que são recuperadas da memória de longo prazo precisam ser integradas em relação às exigências atuais que estão sendo atendidas pela memória de trabalho. Baddeley (2001) atribui essa função cognitiva ao buffer episódico. Ele dá como exemplo a nossa capacidade de imaginar um elefante jogando hóquei no gelo. A partir disso, defende que podemos ir além das informações sobre elefantes e hóquei no gelo fornecidas pela memória de longo prazo ao imaginarmos que o elefante é rosa, ao visualizarmos como ele segura o taco de hóquei e ao refletirmos em qual posição o elefante pode estar jogando. O buffer episódico então nos permite ir além das informações que já existem na memória de longo prazo, combiná-las de maneiras diferentes e usá-las para criar novos cenários que podem ser a base para ações futuras.

Metáforas da memória

A memória de trabalho pode ser comparada à memória RAM de um computador. As operações executadas por ele em um determinado instante – em termos de seus recursos de processamento – ocupam a memória RAM, ou a "memória de trabalho" do computador. Já o disco rígido é como a memória de longo prazo, pois é possível colocar informações nele e guardá-las indefinidamente – e elas permanecerão lá, mesmo com ele desligado. O ato de desligar o computador pode ser comparado com o sono dos seres humanos! Após uma noite de sono, ainda temos acesso às informações armazenadas na nossa memória de longo prazo (tais como nosso nome, data de aniversário, quantos irmãos temos e o que aconteceu em um dia marcante do nosso passado) quando acordamos na manhã seguinte. Mas, normalmente, quando acordamos não conseguimos nos lembrar dos últimos pensamentos que mantínhamos na memória de trabalho (porque a informação não foi transferida para a memória de longo prazo antes de cairmos no sono – o que pode ser frustrante para quem tem suas melhores ideias nos minutos que antecedem a entrada no reino de Morfeu!). Outra comparação relevante pode ser i) o uso da memória de curto prazo para fazer um único telefonema para um restaurante nunca visitado antes *versus* ii) a criação de novas memórias de longo prazo quando, por exemplo, nos mudamos para uma casa nova e precisamos criar uma memória que represente o nosso novo número de telefone.

A analogia com o disco do computador também nos ajuda a entender a diferença entre codificação, armazenamento e recuperação na memória. Pense na quantidade disponível de informações na internet. Ela pode ser vista como um imenso sistema de memória de longo prazo. Mas, sem ferramentas eficientes para procurar e recuperar, a informação é inútil: pode estar teoricamente disponível, mas está acessível quando você precisa dela? É por isso que o advento de ferramentas de busca eficientes tais como Google e Yahoo revolucionaram o uso da internet nos últimos anos.

Além da memória de trabalho e de seus componentes processuais propostos, examinaremos os diferentes elementos funcionais internos da memória de longo prazo. Tais diferenças foram sugeridas como uma maneira de caracterizar as descobertas obtidas na literatura sobre a memória por meio da avaliação tanto de indivíduos saudáveis quanto de pessoas com diferentes formas de lesões cerebrais. Ambas as fontes forneceram informações valiosas sobre a organização da memória humana.

Memória semântica, episódica e processual

Psicólogos fizeram uma distinção potencialmente útil entre a *memória episódica* e a *memória semântica*, considerando cada uma delas como um tipo diferente de memória de longo prazo conscientemente acessível (diferença já mencionada no Capítulo 1). Em particular, Tulving defendeu que a *memória episódica* envolve a lembrança de eventos específicos, enquanto a *memória semântica* envolve o conhecimento geral sobre o mundo. A memória episódica inclui recordações de *tempo*, *lugar* e *emoções* associadas à época do evento. (A *memória autobiográfica* – recordação de eventos da nossa vida – representa uma subcategoria da memória episódica que tem atraído interesse considerável nos últimos anos.)

Em suma, a memória episódica pode ser definida como a memória dos eventos vividos. Obviamente essas memórias tendem a reter detalhes da época e da situação nas quais foram adquiridas. Então, lembrar o que você fez no último final de semana ou recordar o que aconteceu quando você fez seu exame de direção seriam exemplos de memória episódica.

A memória episódica contrasta e interage com a *memória semântica*, que é a memória dos *fatos* e dos *conceitos*. A *memória semântica* pode ser definida como o conhecimento que é retido independentemente das circunstâncias sob as quais foi adquirido. Na verdade, muitas vezes combinamos e misturamos as memórias episódica e semântica sem saber que o estamos fazendo; por exemplo: quando tentamos recordar o que aconteceu no dia do nosso casamento, as recordações reais do dia podem muito bem ser combinadas com nossas expectativas e nosso conhecimento semântico sobre o que *é comum* acontecer em casamentos.

Eis alguns exemplos de *memória semântica*:

Qual é a capital da França?
Quantos dias há na semana?
Quem é o atual presidente da República?
Cite o nome de um mamífero que voa.
Qual é o símbolo químico da água?
Em qual direção você viaja quando voa de São Paulo para Buenos Aires?

Mesmo com diferentes graus de dificuldade, todas as questões acessam o depósito de conhecimento geral sobre o mundo que adquirimos ao longo da vida e que temos a tendência de tomar como certo. Entretanto, se alguém perguntasse o que você tomou no café da manhã ontem ou o que aconteceu em seu último aniversário, sua resposta iria utilizar *memória episódica*, porque as perguntas são sobre eventos específicos, ou episódios, que aconteceram na sua vida. Assim, sua memória de tomar o café da manhã hoje será uma memória episódica de quando, onde e o que você comeu. Por outro lado, lembrar o significado da expressão "café da manhã" e a que ele se refere envolve a memória semântica. Você sabe o que "café da manhã" significa, mas é provável que não se recorde de onde e quando aprendeu o conceito – a menos que o tenha aprendido há pouco tempo (você com certeza aprendeu sobre "café da manhã" ainda criança, mas pode haver outros conceitos que você adquiriu há pouco tempo). Como as memórias episódicas são "convertidas" em memórias semânticas ao longo do tempo, esta continua a ser uma área de grande interesse de pesquisa e especulação (quando você soube que o monte Everest é a montanha mais alta do mundo houve um episódio específico, mas de forma gradual ao longo do tempo – e por exposição repetida – essa informação se converteu em uma unidade de informação semântica).

Ainda é bastante incerto se as memórias semântica e episódica realmente representam sistemas de memória independentes. Mas essa distinção tem sido útil para caracterizar distúrbios clínicos da memória que parecem afetar um sistema mais do que o outro. Pesquisadores descobriram que há determinados distúrbios do cérebro que podem atingir mais a memória semântica, tais como a "demência semântica". Em oposição a isso, Tulving argumentou que a chamada "síndrome amnésica" é caracterizada por um comprometimento seletivo da memória episódica, mas não da memória semântica (veja o Capítulo 5).

Parece haver consenso de que um terceiro tipo de memória de longo prazo – a *memória processual* (por exemplo, executar a sequência de operações físicas necessárias para conseguir andar de bicicleta) – seja independente da memória conscientemente acessível. Mais uma vez, parece haver certos distúrbios do cérebro que podem afetar principalmente a memória processual, tais como o mal de Parkinson. Também há teorias de que a memória processual não deveria ser considerada um sistema de memória homogêneo, mas que – em vez disso – ela englobaria vários subsistemas diferentes.

Memória explícita e implícita

Outra distinção comum feita pelos pesquisadores da memória é entre as memórias explícita e implícita. (Essa estrutura guarda alguma similaridade com a estrutura discutida na seção anterior – que envolve as memórias episódica, semântica e processual.) De acordo com essa estrutura, a *memória explícita* é definida como aquela que envolve o conhecimento consciente, no momento da lembrança, da informação, experiência ou situação que está sendo lembrada. Outros pesquisadores se referiram a esse tipo de memória como "recordatória", em vez de explícita. Há um paralelo muito próximo entre ela e a memória episódica, discutida anteriormente.

A *memória implícita*, por oposição, refere-se à influência no comportamento, sentimentos e pensamentos resultante de uma experiência anterior, mas que se manifesta sem a recordação consciente dos eventos originais. Por exemplo, se você passa por um restaurante chinês no caminho para o trabalho pela manhã, talvez depois você pense em comer comida chinesa, sem ter o conhecimento consciente de que essa disposição foi influenciada pela experiência ocorrida horas antes.

As diferenças entre as memórias implícita e explícita às vezes são demonstradas por estudos que medem um fenômeno chamado de *priming*. Um dos testes mais usados em estudos de *priming* é a complementação de palavras fragmentadas com tempo contado (como e_e_an_e; vá até a página 56 e veja se completou o fragmento corretamente). Em indivíduos saudáveis, de modo geral a complementação de palavras fragmentadas ocorre mais rapidamente ou é mais acertada para palavras com as quais eles se depararam recentemente do que para palavras novas. Por mais estranho que possa parecer, esse fenômeno ocorre mesmo quando as palavras em si não são lembradas de modo consciente, mas ainda assim podem acessar a memória implícita. Uma fonte complementar de evidência para a distinção entre as memórias implícita e explícita vem mais uma vez de estudos que envolvem pacientes com *amnésia*. Em tais casos, a amnésia significa que eles não conseguem reconhecer de modo consciente palavras ou figuras que foram anteriormente apresentadas, mas – como indivíduos saudáveis – mesmo assim se saem melhor ao completar as palavras fragmentadas correspondentes mais tarde. Esses estudos sugerem que há uma diferença fundamental na organização funcional da memória, dependendo se o teste exige o conhecimento consciente do evento anterior ou não.

Há mais evidências que atestam esse ponto de vista. Na década de 1980, Larry Jacob conduziu um estudo no qual havia dois tipos de teste: o "reconhecimento" (que envolvia a lembrança consciente da informação estudada) e a "lembrança inconsciente" (testada por meio de uma identificação perceptual, isto é, uma palavra apresentada por escrito que aparecia muito rápido). Jacob também manipulou a forma como as palavras-alvo eram estudadas nesse experimento.

Cada palavra-alvo era exposta a) sem contexto (apenas a palavra "menina"), b) com o seu oposto como contexto ("menino – menina" expostos juntos) ou c) pelo participante quando seu oposto era mostrado (apresentava-se "menino" e "menina" era pronunciada pelo participante).

O teste de memória explícita posterior era a apresentação de uma combinação de palavras-alvo e novas palavras aos participantes e a solicitação de que eles identificassem quais delas haviam sido estudadas anteriormente (as palavras "estudadas" incluíam tanto as lidas quanto as geradas, assim como descrito no parágrafo anterior). Em compensação, para o teste da memória implícita, uma combinação de alvos e novas palavras era apresentada brevemente aos participantes, uma por vez, e eles eram solicitados a identificar cada palavra conforme era apresentada. As conclusões foram as seguintes: o reconhecimento explícito melhorou entre a condição "sem contexto" e a "de geração", mas – de modo interessante – ocorreu o contrário nas tarefas de identificação perceptual implícita! Como o padrão de resultados foi oposto para os dois testes, é provável que os processos subjacentes (isto é, as memórias implícita e explícita) sejam distintos e que envolvam mecanismos de memória independentes.

O estudo descrito no último parágrafo representa um bom exemplo de como experiências cuidadosamente definidas podem ajudar a estabelecer as diferenças fundamentais entre processos mentais que seríamos incapazes de distinguir se confiássemos apenas na autorreflexão ou introspecção. Outro exemplo de pesquisa sistemática cuidadosa nesse campo tem relação com o trabalho sobre a memória durante uma anestesia geral feito por Andrade e seus colaboradores. O experimento demonstrou que as pessoas podem apresentar memória implícita para materiais mostrados a elas durante uma anestesia, mesmo quando inconscientes no momento da apresentação. Descobertas como essa levaram à conclusão de que os membros de equipes cirúrgicas devem ser bastante cuidadosos com o que dizem sobre os pacientes durante uma operação conduzida sob anestesia geral! Além disso, outras pesquisas indicam que a publicidade comercial talvez funcione principalmente por meio da memória implícita. Foi demonstrado que pessoas consideravam mais atrativos anúncios que haviam visto anteriormente do que aqueles jamais vistos (um fenômeno chamado de *efeito de exposição*).

Os diferentes tipos de tarefas da memória

A distinção entre as memórias implícita e explícita representa a distinção entre dois sistemas de memória propostos (veja Foster e Jelicic, 1999, para uma análise mais técnica e abrangente do assunto). Essa distinção entre sistemas de memória é usada com frequência e pode ser confundida com os diferentes tipos de *tarefas da memória*, nas quais diferentes processos funcionais podem estar envolvidos de maneiras distintas. Algumas tarefas da memória exigem que as pessoas pensem sobre significados e conceitos (*tarefas dirigidas por conceitos*). Por exemplo, se você fosse solicitado a lembrar dos itens de uma lista de palavras que estudou, estaria recordando as palavras em si de forma explícita. Ao mesmo tempo, é provável que você também recordasse automaticamente do significado das palavras. Outras tarefas exigem que as pessoas se concentrem mais nos materiais apresentados; são as chamadas *tarefas dirigidas por dados*. Se sua tarefa é completar palavras fragmentadas (tais como e_e_an_e), sem referência à lista estudada, é provável que a influência da sessão de estudo seja mais implícita do que explícita; você estaria trabalhando com os padrões visuais das letras e menos (se muito) com o significado das palavras.

Tarefas que são propostas para atingir, de maneiras diferentes, as memórias explícita e implícita também são conhecidas como tarefas *direta* e *indireta*, respectivamente. É um desafio distinguir a natureza da tarefa (se são dirigidas por conceitos ou por dados; se são diretas ou indiretas) e a natureza do componente da memória que está sendo testado (explícita ou implícita). De fato, muitos pesquisadores defendem que nenhuma tarefa de memória é verdadeiramente um "processo puro" e que cada uma delas é mediada por uma combinação de processos implícitos e explícitos – é o peso desses processos que será diferente em cada tarefa.

A experiência da memória

O tipo de experiência de lembrança que acompanha a execução em uma tarefa de memória está relacionado com a distinção entre as memórias explícita e implícita. Por exemplo, há uma distinção válida na memória entre "lembrar" de algo e "saber" algo. "Lembrar" foi definido como ter uma experiência fenomenológica na qual se vê o item específico testado na tentativa original de aprendizado. Em comparação, uma pessoa pode simplesmente "saber" que a palavra estava na lista original, sem que se lembre especificamente daquele item. Essa distinção entre "lembrar" e "saber" foi usada pela primeira vez por Endel Tulving. Em sua pesquisa, Tulving solicitou que cada resposta ao teste fosse julgada como acompanhada a) por uma lembrança de ter estudado o item ou b) pelo conhecimento de que o item havia sido apresentado, mas sem a lembrança específica do evento. Gardiner, Java e colaboradores fizeram uma série de investigações sobre julgamentos de "lembrar/saber" sob variadas e diferentes condições experimentais.

Essas distinções podem ser um pouco difíceis de caracterizar em termos objetivos. No entanto, vários experimentos demonstraram influenciar os julgamentos de "lembrar" e "saber" de maneiras diferentes. Por exemplo, estudos comprovaram que o processamento semântico (em que o significado do item é enfatizado) leva a mais respostas de "lembrar" do que o processamento acústico (que se concentra no som das palavras estudadas). Em oposição, pesquisas indicam que uma parte das respostas referentes a "saber" não diferencia as condições semânticas das acústicas.

Níveis de processamento

Um esquema complementar muito influente quando pensamos sobre a memória (especialmente memória de longo prazo) é o de "níveis de processamento". Em oposição aos modelos estruturais, esse esquema enfatiza a importância do processamento na memória, em vez da estrutura e da capacidade. Os níveis de abordagem do esquema foram articulados pela primeira vez na literatura da psicologia experimental por Fergus Craik e Bob Lockhart, mas seus princípios fundamentais foram prenunciados pelo autor Marcel Proust quando ele escreveu: "Logo esquecemos aquilo sobre o que não pensamos profundamente". Craik e Lockhart defenderam que o fato de lembrarmos melhor dependia de quão bem processamos as informações no momento da codificação. Eles descreveram diferentes *níveis de processamento*, desde "superficiais", que lidam apenas com as propriedades físicas dos estímulos apresentados, passando pelos processos "intermediários", que envolvem as características fonológicas, até chegar aos processos mais profundos de todos, que envolvem a codificação semântica do material em relação ao seu significado.

Depois disso, muitas experiências formais mostraram que – em relação ao desempenho da memória tardia testada – o processamento "mais profundo" das informações na codificação é superior ao processamento mais "superficial", e que a elaboração de materiais por meio do processamento semântico pode melhorar o aprendizado. O que isso significa? Bom, temos aqui um exemplo. Imagine que você foi solicitado a estudar uma lista de palavras e a a) fornecer a definição de cada palavra da lista ou b) fornecer uma associação pessoal para cada palavra da lista (ambos exigem o processamento semântico das palavras). Normalmente você lembraria melhor da lista de palavras sob as condições a) e b) do que se lhe pedissem para executar uma tarefa mais superficial e menos semântica, como c) fornecer uma palavra que rimasse com cada uma das palavras da lista ou d) fornecer o número da posição no alfabeto de cada letra de cada palavra da lista.

Dito de outra forma: se vemos a palavra "CÃO", poderíamos simplesmente processá-la de uma maneira relativamente superficial ao notar que ela está escrita em caixa-alta. Por outro lado, poderíamos processá-la fonologicamente ao registrar que seu som rima com "pão" e "mão". Outra possibilidade seria pensarmos sobre o significado da palavra: "cão" refere-se a animais domésticos e peludos conhecidos como "o melhor amigo do homem". Qualquer outro processamento semântico que envolva a elaboração a partir do significado da palavra representa um processamento mais profundo e deveria levar a uma memória melhor (por exemplo, podemos pensar em diferentes raças de cães, de onde vieram, quais suas funções originais, quais as características da raça e assim por diante).

Ao apresentar a utilidade dessa abordagem, Craik e Tulving demonstraram que a probabilidade de a mesma palavra ser reconhecida corretamente em um experimento sobre a memória varia de vinte a setenta por cento, de acordo com a "profundidade" do processamento que ocorreu no momento da codificação. Quando o processamento inicial se constituiu apenas de decisões sobre o tipo de letra com o qual a palavra foi impressa, o nível de reconhecimento correto foi de vinte por cento. O desempenho melhorou com as decisões de rima (fonológicas), mas foi consideravelmente melhor (quase setenta por cento de reconhecimento correto) quando o processamento envolvia decidir se a palavra faria sentido dentro de uma determinada frase.

Um volume considerável de dados apoia o modelo de níveis de processamento. No entanto, detalhes do modelo original têm sido criticados. Especificamente, foram feitas objeções baseadas na ideia de que essa abordagem é circular ao dar explicações. Se uma operação ou procedimento de codificação em particular produz um desempenho melhor da memória, é possível defender que – em relação ao esquema de "níveis de processamento" – isso se origina de um modo de processamento cognitivo "mais profundo". Se, pelo contrário, outra operação ou procedimento de codificação produz um pior desempenho, então – de acordo com o "nível de processamento" – isso se deve a um processamento "mais superficial" no momento da codificação. A principal preocupação é a de que, por consequência, o esquema de "níveis de processamento" se torne autorrealizável e impossível de testar. O problema – essencialmente – está em como criar um critério de "profundidade" e "superficialidade" de processamento que seja independente do desempenho da memória que vem a seguir.

Portanto, defende-se que os critérios de nível de processamento não podem ser identificados independentemente do desempenho da memória que produzem. Mais recentemente, no entanto, Fergus Craik apontou métodos fisiológicos e neurológicos que podem fornecer uma medida independente da profundidade de processamento. Apesar dos possíveis problemas ao testar o modelo, a abordagem de "níveis de processamento" chama a atenção para questões funcionais importantes que incluem a) o tipo de processamento de materiais no momento da codificação, b) a elaboração de materiais durante a codificação e c) a adequação do processamento que ocorre no momento da codificação (em relação à "transferência" da última tarefa de memória; este assunto será tratado mais adiante, no Capítulo 3). Assim como no esquema articulado por Bartlett (Capítulo 1), uma das ênfases fundamentais do esquema de níveis de processamento é que somos *agentes ativos* do processo de lembrar, tanto que o que lembramos depende i) dos processos que nós mesmos iniciamos quando nos deparamos com alguma coisa ou evento, assim como ii) das características da coisa ou do evento em si.

> **Palavra fragmentada (p. 49)**
>
> **Elefante**

Capítulo 3

Tirando o coelho da cartola

Se você quer testar sua memória, tente recordar com o que se preocupava há exatamente um ano.

Anônimo

Este capítulo irá examinar como a informação é acessada a partir da memória. Analisarei as distinções fundamentais entre a acessibilidade e a disponibilidade das informações, já mencionadas no Capítulo 2. Tentarei mostrar, em particular, que muitas das dificuldades que enfrentamos com a memória no dia a dia estão relacionadas a situações nas quais podemos até ter recebido e retido informações, mas não somos capazes de recuperá-las quando queremos. O papel do contexto parece ser especialmente importante nesse caso: tudo o mais permanecendo inalterado, tendemos a lembrar melhor das informações se, no momento em que desejarmos recuperá-las, estivermos em um contexto físico e emocional semelhante ao que estávamos quando fomos expostos a elas. O "fenômeno da ponta da língua" também será examinado mais profundamente neste capítulo. Por exemplo: em uma festa, podemos saber a primeira letra de um nome (de uma pessoa ou lugar) que estamos tentando recordar, ou com o que o nome se parece, mas talvez não sejamos capazes de acessar o nome em si.

Tirando conclusões sobre a memória a partir do comportamento

Como vimos no Capítulo 2, há muitos tipos de comportamento que indicam que a memória de um evento passado foi evocada. Suponha que você ouviu uma música nova há algum tempo. Depois, é possível que você recorde as palavras da letra ou as reconheça quando ouvi-las de novo. Outra possibilidade é que, se ouvir a canção novamente, as palavras soem familiares sem que você as reconheça de modo explícito. Por fim, seu comportamento ou estado mental pode ser influenciado pela mensagem da canção sem que você tenha qualquer percepção consciente de recordação, reconhecimento ou familiaridade.

Todos os dias nos deparamos com uma enorme quantidade de informações, mas nos lembramos apenas de uma parte delas. Depois de codificar e armazenar as informações processadas pelos nossos sentidos, temos que ser capazes de recuperá-las de maneira eficiente – como vimos quando examinamos os componentes lógicos fundamentais da memória no Capítulo 1. O fato de lembrarmos de um evento e não de outro parece depender de seus significados funcionais. Por exemplo: em nosso passado evolutivo, os seres humanos podem ter sobrevivido por lembrarem de informações que sinalizavam ameaças (como a aparência de um predador em potencial) ou recompensas (como a descoberta de uma possível fonte de comida).

O que somos capazes de recuperar depende em grande parte do contexto no qual as informações foram codificadas e classificadas pela primeira vez e de como isso combina com o contexto de recuperação – esse é o chamado *princípio de codificação específica*. Por exemplo, muitos de nós ficamos um pouco constrangidos com a inabilidade de reconhecer amigos ou conhecidos quando os encontramos em um contexto fora do comum. Se estamos habituados a ver alguém vestido de uma determinada maneira no trabalho ou na escola, podemos não reconhecê-lo se o virmos com uma roupa diferente em um casamento ou um restaurante. Analisaremos esse princípio de modo mais profundo adiante. Mas primeiro examinaremos alguns métodos fundamentais para acessar a memória.

Recuperar: recordar *versus* reconhecer

Recordar informações é trazê-las à mente. Normalmente, há uma *dica* que dispara e/ou facilita a recordação.

Exemplo são as questões de exames, que costumam conter dicas de conteúdo que direcionam nossa recordação para informações relevantes aos objetivos do examinador. Questões cotidianas como "O que você fez sexta-feira à noite?" contêm dicas de tempo. Dicas como essas são bastante genéricas e não fornecem muitas informações. Geralmente chamamos a recordação em resposta a esse tipo de dica não específica de *recordação livre*. Algumas também podem ser mais informativas e nos dirigir a eventos ou informações mais específicos. A questão "Aonde você foi na sexta-feira à noite depois que saiu do cinema?" é diferente da questão anterior, porque fornece mais conteúdo na tentativa de extrair um material específico. Conforme as dicas se tornam mais dirigidas, o processo de recordação é denominado *recordação com ajuda de dicas*.

Há outros exemplos. Ao investigar a evocação em um contexto experimental, as pessoas podem ser expostas a informações, como uma história, durante aquilo que chamamos de episódio de aprendizagem. Podemos solicitar que elas recordem de aspectos da história. A *recordação livre* acontece quando solicitamos que lembrem o quanto puderem da história, sem ajuda. O "fenômeno da ponta da língua" (mencionado no Capítulo 2) ilustra a natureza de um problema comum na recordação livre, no qual muitas vezes só temos acesso parcial às informações que estamos tentando acessar. Em oposição, a *recordação com ajuda de dicas* acontece quando apresentamos um estímulo (uma categoria ou a primeira letra da palavra) para recuperar determinada informação. Podemos solicitar: "Diga todos os nomes de pessoas que começam com a letra J que estavam na história que eu li para você ontem". A recordação com ajuda de dicas tende a ser mais fácil do que a recordação livre. Isso porque estamos fornecendo mais apoio e contexto para o indivíduo – ao fornecer essas pistas, na verdade estamos fazendo parte do "trabalho da memória" para eles. É importante notar que as dicas podem ser úteis na recuperação da informação, mas também podem induzir a distorções e parcialidades – veremos mais detalhes quando analisarmos a questão do testemunho ocular no Capítulo 4.

A habilidade de identificar um evento ou informação passados quando eles nos são apresentados novamente é chamada de *reconhecimento*. Os exames, as questões de verdadeiro e falso e de múltipla escolha normalmente visam a habilidade do estudante de reconhecer as informações corretamente. Em outro contexto, questões como "Você foi comer depois que saiu do cinema?" apresentam eventos ou informações e perguntam à pessoa em questão se eles estão de acordo com o passado. O *reconhecimento* é o tipo mais fácil de evocação, porque parte do material da memória "alvo" é apresentada de fato, e você – o inquirido – precisa tomar uma decisão a respeito. O "reconhecimento por escolha forçada" ocorre quando você é exposto a, digamos, dois itens – sendo que apenas um deles já havia sido visto antes – e é questionado: "Qual desses dois itens você já viu?". É uma escolha forçada, na qual você tem que escolher um entre dois itens. Isso pode ser comparado ao "reconhecimento por sim/não", no qual você seria exposto a uma série de itens ao mesmo tempo e questionado "Você já viu esse item antes?". Nesse caso, você só tem que dizer "sim" ou "não" em resposta a cada item. Experimentos sistemáticos indicaram que dois processos independentes podem contribuir para o reconhecimento:

Evocação do contexto

Depende da "recordação explícita" do tempo e do espaço (você pode reconhecer a pessoa que viu no ônibus quando vinha do trabalho para casa na última sexta-feira). Para esse tipo de reconhecimento, é preciso localizar a experiência prévia no tempo e no espaço.

Familiaridade

Você pode ver alguém que parece familiar e sabe que já viu essa pessoa antes, mas não consegue lembrar de quando ou onde a viu. Esse tipo de experiência de reconhecimento parece ter um "processo de familiaridade" a seu serviço, mas não há recordação explícita do encontro prévio. Essa é, portanto, uma forma menos detalhada de reconhecimento (muito semelhante ao tipo de resposta de "saber" discutida no Capítulo 2). Os efeitos da familiaridade podem ser percebidos sem a habilidade de trazer à mente (ou seja, recordar ou reconhecer) um evento passado. Provavelmente você já teve essa experiência em várias ocasiões: encontrou alguém que parecia familiar,

7. Pode ser que você recorde quem é esta pessoa espontaneamente ou precise de uma dica (tais como "cantora" ou "artista"). Se não conseguir recordar o nome dela, talvez reconheça seu nome: Cher ou Madonna? As recordações com ajuda de dicas tendem a ser mais fáceis para os inquiridos do que a recordação livre, enquanto o reconhecimento tende a ser mais fácil que ambos os tipos de recordação.

apesar de não conseguir reconhecê-lo. De fato, um dos mecanismos subjacentes ao sucesso da publicidade é que ela torna determinados produtos mais familiares, e as pessoas tendem a preferir o que é familiar ao que é mais desconhecido. (Veja o *efeito de exposição* citado no Capítulo 2.) Daí o antigo ditado: "Qualquer publicidade é boa publicidade".

Há um curioso fenômeno pelo qual a maioria de nós já passou e que pode depender da sensação de familiaridade fora de hora: o *déjà vu*. Esse fenômeno muito ocorre quando as pessoas têm a sensação de que já testemunharam algo antes, sem conseguir identificar o evento anterior ou fornecer evidências que confirmem que isso realmente aconteceu. Parece que no *déjà vu* os mecanismos de familiaridade podem ocorrer por engano, tanto que uma sensação de familiaridade é disparada por um objeto ou uma cena novos. Além disso, pesquisadores sugeriram que ele pode ser induzido por hipnose. Então, parece possível que os mecanismos cerebrais por trás da experiência de *déjà vu* sejam mediados por mecanismos diferentes daqueles que normalmente operam quando você está completamente alerta.

A influência do contexto na recordação e no reconhecimento

A recordação pode ser bastante suscetível às influências do contexto, mas em geral o reconhecimento é menos suscetível a elas. Isso foi demonstrado, por exemplo, com mergulhadores que foram solicitados a lembrar de informações debaixo d'água e em terra firme, e então tiveram suas memórias testadas nos dois ambientes.

Em dois famosos estudos, Godden e Baddeley pediram que mergulhadores lembrassem de informações tanto em terra quanto debaixo d'água. Os mergulhadores foram então testados 1) no mesmo contexto e 2) em um contexto diferente.

Esses estudos comprovaram que a recordação da memória por parte dos mergulhadores era fortemente influenciada pelo fato de eles estarem ou não no mesmo contexto quando codificaram as informações e quando participaram do teste de memória. Eles lembraram de muito mais informações quando aprendiam debaixo d'água e eram testados debaixo d'água e quando aprendiam em terra e eram testados em terra. Se os contextos de aprendizado e teste eram diferentes, o nível do desempenho da memória deles caía perceptivelmente. Em suma, os mergulhadores tinham dificuldades para recordar quando tinham que lembrar de informações em um lugar diferente, mas não quando lembravam das informações no mesmo lugar do aprendizado. No entanto, isso só ficou evidente para a memória de recordação, não para a de reconhecimento. O fato de as dicas serem fornecidas no mesmo contexto de aprendizado e de teste é importante para uma recordação eficiente, mas tem menos influência no reconhecimento.

É interessante notar que o desempenho da recordação também é influenciado pelo estado fisiológico ou psicológico. Se alguém aprende algo quando está calmo e depois é testado quando está ansioso ou animado, o desempenho de sua recordação tende a ser prejudicado. Mas, se essa pessoa aprende quando está calma e depois é testada no mesmo estado, ou aprende quando está ansiosa e depois é testada nesse estado, seu desempenho tende a ser melhor. Isso é importante para estudantes que se preparam para provas: se quando você estuda está muito calmo e depois se sente nervoso na hora da prova, talvez não recorde das informações tão bem (em comparação a alguém cujo humor durante o estudo e o teste é equivalente). É recomendável fazer exercícios de relaxamento em tais circunstâncias, para tentar garantir que, na hora da prova, você esteja no mesmo estado psicológico e fisiológico que estava quando estudou.

O álcool e outras substâncias e drogas que influenciam o estado psicológico de uma pessoa têm efeitos similares. O comediante Billy Connolly captou bem a questão quando entrevistado pela televisão australiana em 2006:

Oh, agora lembro onde eu estava, ah, sim, lembro de fazer isso e aquilo, e então você passa para o próximo estágio que é apagar e não lembrar de nada, daí para lembrar daquilo você tem que ficar bêbado de novo e você passa a ter duas memórias. Você tem uma memória sóbria e uma memória bêbada, porque você se tornou dois caras...
(Transcrição do programa de entrevistas *Enough Rope* feita pela rede de televisão ABC)

Observamos esses efeitos *dependentes do estado* na memória e no esquecimento, assim como efeitos físicos *dependentes do contexto*.

Os efeitos dependentes do estado parecem ocorrer sob uma variedade de circunstâncias diferentes, mas – em estudos experimentais sistemáticos – também foram encontrados de maneira consistente apenas quando a memória foi testada com a recordação livre. Quando se testa tanto a recordação com ajuda de dicas como o reconhecimento, a influência das mudanças de estado ou de contexto é muito variável.

Apesar de ser difícil estudar a questão de maneira científica, é possível que uma das razões pelas quais achemos difícil recordar o conteúdo dos sonhos esteja relacionada com o esquecimento dependente do estado. No entanto, se somos acordados quando estamos sonhando, achamos relativamente fácil recordar trechos do sonho – provavelmente porque pelo menos parte de seu conteúdo ainda está mantida na memória de trabalho.

Diversos fatores podem explicar a sensibilidade dependente do estado por parte da recordação livre. Diferentes estados psicoativos poderiam levar as pessoas a adotar codificações fora do comum ou estratégias de recuperação incompatíveis com aquelas usadas quando não estão em tais estados. A intoxicação por maconha, por exemplo, permite que a pessoa crie associações fora do comum em reação aos estímulos. Isso poderia ser crucial na mediação da recordação livre, porque aqui os participantes precisam gerar dicas ou informações apropriadas ao contexto para ajudar sua lembrança. Mas, na recordação com ajuda de dicas e no reconhecimento, algumas informações sobre os itens em questão são fornecidas ao inquirido, o que reduz substancialmente o potencial de desencontro entre as operações de codificação e recuperação – porque certa quantidade de informação que foi apresentada no momento do aprendizado é reapresentada no momento do teste (e é, portanto, constante).

Além disso – como vimos antes –, a memória de reconhecimento com frequência tem um forte componente de familiaridade, que é independente do contexto, e por isso não é vulnerável às mudanças de contexto (apesar de que – assim como na recordação – mudanças no estado físico e no contexto podem afetar o componente de "recordação explícita" da memória de reconhecimento que analisamos previamente).

Influências inconscientes sobre a memória

A memória ainda pode ser observada mesmo na ausência de recordação, reconhecimento ou sensações de familiaridade. Como vimos no Capítulo 2, se já nos deparamos com uma informação, os encontros posteriores com a mesma informação poderão ser diferentes por causa do encontro anterior – mesmo na falta de qualquer sinal aparente de memória. No entanto, os efeitos inconscientes da memória podem ser problemáticos. Estudos formais examinaram se as pessoas tendem a acreditar em afirmações como "a maior estátua do mundo está no Tibet", mesmo quando são falsas. Descobriu-se que as pessoas tendiam a acreditar mais se houvessem se deparado com tais afirmações em um experimento de memória anterior – mesmo que não conseguissem lembrar delas de outra maneira. Esses efeitos inconscientes da memória podem ser responsáveis pela eficiência de alguns métodos comportamentais em contextos sociais, como a publicidade.

Como vimos no Capítulo 2, o *priming* descreve a influência comportamental (muitas vezes inconsciente) de um evento do passado sobre nós. Isso pode ser medido pela comparação entre o comportamento que segue um evento e o comportamento que surge quando o evento não acontece. No exemplo acima, a crença em determinadas afirmações (sobre a localização da maior estátua do mundo, por exemplo) pode ser influenciada pelo encontro anterior com essas afirmações. Se dois grupos de pessoas forem comparados – formados por quem se deparou com a afirmação e por quem não conhece a informação – é provável que a diferença de crenças represente uma medida do grau de *priming* de um encontro anterior. Eis outro exemplo de *priming*. Observe o fragmento de palavra "_i_u_g_r". Um pesquisador pode medir quanto tempo leva para as pessoas resolverem ou completarem o fragmento a fim de formar uma palavra da Língua Portuguesa ("divulgar"), e então comparar o tempo levado por a) pessoas que recentemente se depararam com a palavra ou a ideia, com o tempo levado por b) pessoas que não passaram por isso. Mesmo que tenham se deparado recentemente com a palavra "divulgar", mas não se lembrem disso, as pessoas resolvem o fragmento de palavra mais rápido do que quem não teve essa experiência anterior. (E, como vimos no Capítulo 2, pessoas com amnésia também podem executar esse tipo de tarefa.) A diferença no tempo de resposta necessário para a resolução é um exemplo de *priming* – uma espécie de evidência da memória (isto é, do efeito duradouro) da experiência prévia.

Categorias *versus* sequência?

Podemos considerar que comportamentos a partir dos quais a memória é inferida fazem parte de uma sequência: recordação livre... recordação com ajuda de dicas... reconhecimento... sensação de familiaridade... influência comportamental inconsciente. Essa visão indica que as diferenças entre as várias manifestações são causadas pelo fato de a memória ter diferentes forças ou disponibilidades. A partir dessa noção, poderíamos concluir que, quando a memória é forte e disponível, a recordação livre é possível. Entretanto, conforme a memória enfraquece ou por qualquer motivo está menos disponível, a recordação livre não acontece – mas ainda é possível observar a memória em níveis "fracos" ou de menor disponibilidade (isto é, reconhecimento, familiaridade, influência inconsciente).

Tal abordagem é tentadora por sua facilidade, mas há dificuldades potenciais que a acompanham. Por exemplo, a habilidade de recordar informações nem sempre significa que elas serão reconhecidas de modo correto. Além disso, algumas variáveis têm efeito contrário no desempenho do reconhecimento e da recordação, tais como a frequência das palavras. Palavras muito usadas, como "mesa", são mais bem recordadas do que palavras menos usadas, como "âncora". No entanto, palavras menos frequentes são mais bem reconhecidas. Ademais, as informações aprendidas de maneira intencional geralmente são mais bem recordadas do que as adquiridas de modo incidental, mas as que foram aprendidas de maneira não intencional às vezes são mais bem reconhecidas. A questão central aqui é que diferentes (e, talvez, inesperados) resultados sobre parâmetros específicos de memória podem ser obtidos quando a codificação da memória é manipulada diretamente. Isso indica que os efeitos da memória não são mediados por um sistema ou processo simples e direto que opera ao longo de uma sequência única.

A relação entre estudo e teste

Como vimos neste capítulo, o que somos capazes de recuperar depende em grande parte do contexto no qual as informações foram codificadas e classificadas pela primeira vez, e em qual medida isso combina com o contexto de recuperação. Vimos que Tulving desenvolveu o *princípio de codificação específica*, que enfatiza a relação entre o que ocorre no momento do estudo (codificação) e o que ocorre no momento da prova (recuperação). O que é codificado em qualquer situação particular de codificação é seletivo, ou seja, determinado pelas exigências sobre o indivíduo no momento do estudo. Segundo Tulving, o que será lembrado mais tarde depende da semelhança entre as condições em que a memória está sendo testada e as condições de estudo. Vimos um exemplo quando tratamos dos experimentos de Godden e Baddaley com os mergulhadores testados em terra firme e embaixo d'água.

Um experimento conduzido por Barclay e seus colaboradores ilustra a codificação específica com mais detalhes. Os pesquisadores solicitaram que os participantes estudassem uma sequência de frases com palavras-chave incorporadas a elas. Por exemplo, a palavra "PIANO" foi apresentada nas frases: "O homem afinou o PIANO" e "O homem levantou o PIANO". Na recordação, as sentenças foram indicadas por frases que eram tanto a) apropriadas ou b) inapropriadas para os atributos específicos de um determinado objeto (o piano). Quando testados, os participantes que receberam a frase sobre o afinamento do piano lembraram de "PIANO" quando receberam dicas com a frase "algo melódico". Em oposição, era menos provável que os participantes que estudaram a frase sobre o piano sendo levantado se lembrassem de "PIANO" quando recebesse a dica "algo melódico". (De acordo com o princípio de codificação específica, isso acontece porque – para esse grupo – o aspecto melódico do piano não foi enfatizado na frase no momento do estudo.) Por outro lado, os participantes que estudaram a frase sobre o levantamento do piano no momento da codificação foram direcionados de maneira mais eficiente pela frase "algo pesado" do que pela dica "algo melódico".

Esse experimento demonstra dois aspectos importantes da codificação específica:

> 1. Apenas os elementos do evento original que são ativados de modo específico pela situação de estudo serão corretamente codificados.
> 2. Para que as informações sejam recordadas de maneira eficiente, as dicas de teste precisam visar aspectos particulares das informações que foram inicialmente codificadas. Em

outras palavras, a lembrança depende da combinação entre o que é codificado e as dicas.

Para atingir uma melhor recordação, o tipo de processo do momento de estudo precisa ser combinado de maneira apropriada com o tipo de processo que será exigido na prova. Morris e colaboradores comprovaram a influência do *processamento adequado da transferência* em uma continuação dos experimentos de "níveis de processamento" de Craik e Tulving mencionados no Capítulo 2. Nos estudos originais de Craik e Tulving, os participantes eram estimulados durante a codificação a se concentrar nos aspectos i) físicos, ii) fonológicos (por exemplo, rimas) e iii) semânticos das palavras a serem lembradas. Como vimos no Capítulo 2, sob condições típicas de teste, o processamento semântico durante a codificação leva a uma melhor recordação durante o teste. Contudo, em um estudo conduzido por Morris e seus colaboradores, outra condição foi acrescentada à fase de teste, na qual os participantes tinham que identificar palavras que rimavam com as palavras apresentadas anteriormente. Para essa nova condição de recuperação "por rima", houve uma maior coincidência entre i) a tarefa de rima durante a condição de estudo e ii) a combinação de rima exigida no momento da resposta. No teste, a melhor recordação das palavras rimadas foi observada em participantes para os quais a rima (isto é, o processo fonológico) foi o foco da tarefa de aprendizado.

Capítulo 4

As imprecisões da memória

Neste capítulo, trataremos da questão do que está por trás da memória. Analisaremos o debate sobre se realmente esquecemos algo ou se, em vez disso, temos dificuldades de recuperar as informações armazenadas. Outros tipos de dificuldade da memória também serão discutidos; por exemplo, distorções e parcialidades na memória induzidas por sugestão, objeto de grande quantidade de estudos conduzidos ao longo das últimas décadas (especialmente no que diz respeito à pesquisa com testemunhas oculares). Também analisaremos situações nas quais a memória pode funcionar de modo mais eficiente do ponto de vista qualitativo, isto é, na chamada "memória em lampejo", situações em que se defende que as memórias podem ser especialmente vívidas (lembranças do assassinato do presidente norte-americano John F. Kennedy ou a morte da princesa Diana, por exemplo). Em relação a essa questão, examinaremos eventos emocionais que têm impacto no funcionamento da memória, em situações de ameaça ou recompensa em que tendemos a reter informações de maneira mais eficiente.

O esquecimento

Por favor, lembre-se de 5 de novembro. A Conspiração da Pólvora. Não conhecemos nenhum motivo pelo qual a traição da pólvora deva ser esquecida.

Anônimo

A existência do esquecimento nunca foi provada; apenas sabemos que alguma coisa não vem à mente quando queremos.

Friedrich Nietzsche

Lembre da distinção lógica e tripartida entre codificação, armazenagem e recuperação, introduzida no Capítulo 1. O *esquecimento* pode ser definido como a perda da informação armazenada. Ele pode ocorrer não por causa de problemas na retenção das informações no depósito em si, mas porque memórias similares se confundem e interferem umas nas outras quando tentamos recuperá-las. Se quisermos compreender como a memória funciona, é preciso compreender alguns dos fatores que podem influenciar o esquecimento das informações.

Há dois pontos de vista tradicionais sobre o esquecimento. Um deles afirma que a memória simplesmente se esvai ou decai, assim como objetos do ambiente físico podem se desfazer, erodir ou se decompor ao longo do tempo. Essa visão representa uma conceituação *passiva* do esquecimento e da memória. A segunda abordagem vê o esquecimento como um processo *ativo*. Segundo essa perspectiva, não há fortes evidências do desvanecimento passivo das informações na memória, e sim de que o esquecimento ocorre porque traços da memória são rompidos, obscurecidos ou sobrepostos por outras memórias. Em outras palavras, o esquecimento é consequência de uma interferência.

O consenso na atual literatura é de que ambos os processos ocorrem, mas muitas vezes é difícil separar a importância do tempo – o fato de que as memórias se esvaem ou decaem – da interferência por meio de outros eventos, porque com frequência os dois ocorrem juntos. Por exemplo, tente lembrar o que aconteceu na final da Copa do Mundo de 1998; sua memória pode ser imperfeita (a) graças ao esquecimento causado pela passagem do tempo, (b) graças ao esquecimento causado pelas memórias de outras Copas do Mundo que interferem na sua memória sobre a final de 1998 e (c) porque *ambos os processos estão operando em conjunto*. No entanto, há evidências de que essa interferência possa ser o mecanismo mais importante por trás do esquecimento (em outras palavras, se você não viu outro jogo de futebol desde a final da Copa de 1998, talvez lembre melhor desse evento do que uma pessoa que assistiu a outras partidas ao longo do mesmo período, porque sua memória da final de 1998 é de algum modo mais "marcante").

Geralmente, nossas experiências tendem a interagir em nossas memórias e a se encontrar umas com as outras, com o resultado de que nossa memória de uma experiência muitas vezes tem relação com a memória de outra. Quanto mais semelhantes forem as duas experiências, maior a possibilidade de que elas interajam na nossa memória. Essa interação pode ser útil já que esse novo aprendizado semântico pode usar como base um antigo aprendizado (há evidências de que especialistas em xadrez lembrem mais de posições do que os novatos – como veremos mais adiante neste capítulo). No entanto, quando é importante separar dois episódios e torná-los bem distintos, a interferência pode significar que lembraremos de modo menos preciso do que deveríamos. Por exemplo, as memórias de duas finais de Copa do Mundo diferentes podem se confundir uma com a outra.

Memórias em lampejo e a lombada da reminiscência

Uma das características mais interessantes da memória é que as pessoas são capazes de se lembrar de certos eventos de maneira muito viva por muito tempo, em especial se eles foram marcantes. Dois aspectos diferentes desse fenômeno são i) as *memórias em lampejo* e b) a *lombada da reminiscência*.

O assassinato de John F. Kennedy em 1963, a morte da princesa Diana em 1997 e o ataque ao World Trade Center em Nova York em 2001 são eventos memoráveis para as pessoas que os acompanharam. A memória para tais eventos parece ser bastante resistente ao esquecimento ao longo do tempo. Muitos conseguem lembrar onde e com quem estavam quando receberam a notícia de um ou de todos esses eventos. Esse é um exemplo do que foi denominado *memória em*

8. O assassinato de John F. Kennedy em 1963, a morte da princesa Diana em 1997 e o ataque ao World Trade Center em Nova York em 2001 são eventos memoráveis para as pessoas que os acompanharam.

lampejo. Com frequência as pessoas parecem lembrar bem de situações marcantes como essas. O fenômeno também pode estar relacionado com as pressões em operação durante nosso passado evolutivo. Como Shakespeare colocou em *Henrique V*, ao fazer referência à Batalha de Agincourt: "Um homem velho esquece, pois tudo deverá ser esquecido, mas lembrará com vantagens do banquete que fez naquele dia".

Por comparação, a *lombada de reminiscência* ocorre quando, no final da vida, pessoas são solicitadas a lembrar de eventos do decorrer dela. Nessas situações, as pessoas tendem a lembrar de maneira desproporcional de mais eventos do período entre a adolescência e o começo da vida adulta. Esse ponto foi muito bem ilustrado pelo escritor e advogado John Mortimer quando afirmou: "O passado distante, quando eu fazia minha versão solo de Hamlet diante dos olhos cegos de meu pai, duelando comigo mesmo e bebendo do meu próprio cálice envenenado... parece claro como se houvesse acontecido ontem. O que se perde na névoa da memória são os eventos de dez anos atrás." É provável que essa lombada de reminiscência seja causada pelo significado particular dos eventos que ocorrem durante a parte inicial da vida. Com frequência, são eventos que envolvem emoções (uma consideração que também pode ser relevante para as memórias em lampejo). Entre esses eventos estão: conhecer um parceiro, casar-se e ter um filho, e eventos que são significativos de outras maneiras, tais como começar a trabalhar, formar-se na faculdade ou viajar pelo mundo.

A área das memórias em lampejo e da lombada de reminiscência é bastante controversa: por exemplo, no que diz respeito às memórias em lampejo, questionou-se em que medida a memória semântica pode interferir na memória episódica de eventos como a morte da princesa Diana (de maneira que sentimos nos lembrar do episódio com riqueza de detalhes, quando na verdade a maior parte deles pode ter sido inferida – veja o Capítulo 2 para uma breve análise de como as memórias semântica e episódica podem interagir, e o Capítulo 1, sobre o quanto as influências "de cima para baixo" podem ser relevantes para a memória). Mesmo assim, ambos os tópicos são objeto de um interesse considerável na literatura sobre memória.

A organização e os erros da memória

A tinta mais pálida é melhor do que a memória mais fiel.
Provérbio chinês

Nas décadas de 1960 e 1970, foram feitos estudos com jogadores de xadrez para descobrir quão bem eles se lembrariam das posições das peças em um tabuleiro. O experi-

9. Há evidências de que os especialistas em xadrez conseguem lembrar das posições das peças melhor do que os novatos. Aparentemente, isso está relacionado à sua habilidade de perceber o tabuleiro como um todo organizado, em vez de vê-lo como um conjunto de peças individuais.

mento demonstrou que os mestres do xadrez lembravam de 95% das peças em um tabuleiro depois de uma olhadela de apenas cinco segundos. Contudo, jogadores de xadrez menos experientes só eram capazes de posicionar corretamente 40% das peças e precisavam de oito tentativas para alcançar um desempenho 95% correto. Examinadas de maneira mais detalhada, as descobertas indicaram que a vantagem dos mestres do xadrez tinha origem na habilidade de perceber o tabuleiro como um todo organizado, em vez de vê-lo como um conjunto de peças individuais. Efeitos similares foram demonstrados com jogadores bridge quando tentaram lembrar do que tinham nas mãos, ou quando especialistas em eletrônica foram solicitados a lembrar de circuitos eletrônicos. Em cada caso, parece que os especialistas em suas áreas organizam o material em um padrão coerente e significativo. Baseando-se em um rico histórico de experiências anteriores, os especialistas parecem ser capazes de melhorar o desempenho de suas memórias de maneira significativamente superior do que os leigos.

Já vimos no Capítulo 3 que organizar as informações no momento da *recuperação* (na forma de dicas) pode ajudar na recordação, mas esses estudos com especialistas relevam os benefícios da organização também no momento do *aprendizado*. Em laboratório, pesquisadores compararam a memória para o aprendizado de a) materiais relativamente desestruturados, com a lembrança de b) materiais que tinham alguma estrutura imposta no momento do aprendizado. Por exemplo, a memória para uma lista aleatória de palavras pode ser comparada à memória para uma lista que foi segmentada em categorias de, digamos, i) vegetais ou ii) itens de mobiliário no momento da codificação. Quando as pessoas são solicitadas a lembrar mais tarde da lista organizada, seu desempenho é consideravelmente melhor do que quando elas ouviram a lista aleatória durante a fase de aprendizado. Portanto, a organização significativa das informações durante o aprendizado às vezes pode levar a um melhor desempenho da memória em teste. No entanto, como veremos em breve, outros tipos de organização durante o aprendizado podem resultar em distorções da memória quando as pessoas são testadas mais tarde.

Os efeitos do conhecimento prévio

Esquemas – o que já sabemos

Como vimos no Capítulo 1, na década de 1930 Bartlett solicitou que participantes britânicos lessem e depois recordassem uma história do folclore nativo norte-americano, "A guerra dos fantasmas", que vinha de uma cultura muito diferente da deles. Quando tentaram recordar a história, os relatos foram obviamente baseados no conto original, mas os participantes inseriram, apagaram e modificaram informações para produzir histórias que fizessem mais sentido para eles – ao que Bartlett deu o nome de "esforço em busca do significado".

Bartlett propôs que possuímos *schemata* (ou *esquemas*), que ele descreveu como organizações ativas das experiências passadas. Os esquemas nos ajudam a dar sentido a situações familiares, guiam nossas expectativas e fornecem uma estrutura dentro da qual as novas informações são processadas. Por exemplo, podemos ter um esquema para um dia "típico" no trabalho ou na escola, para uma "típica" ida a um restaurante ou ao cinema.

Aparentemente, as pessoas têm problemas para entender as informações apresentadas se não conseguem se basear em esquemas de conhecimentos previamente adquiridos. A questão foi muito bem ilustrada por um estudo conduzido por Bransford e Johnson. Eles deram para os participantes memorizarem uma passagem de texto que começava da seguinte forma:

> O procedimento é bastante simples. Primeiro, organize os itens em diferentes grupos. Claro que uma pilha deve ser suficiente, dependendo do quanto há para fazer. Se você preci-

sar ir a outro lugar por causa da falta de infraestrutura, esse é o próximo passo; caso contrário, você está muito bem. É importante não exagerar. Quer dizer, é melhor fazer poucas coisas ao mesmo tempo do que coisas demais.

A tarefa de recordar essa passagem foi bastante difícil para os participantes, mesmo se o título do texto lhes era dado depois da leitura do texto. Bransford e Johnson descobriram que a recordação subsequente só melhorava quando o título do texto ("Lavar roupa") era dado *com antecedência*. Com o fornecimento do título de antemão, a passagem se tornava mais significativa, e o desempenho de recordação dobrava. A explicação para essas descobertas foi a seguinte: fornecer o título com antecedência i) adiantava o assunto da passagem, ii) indicava um esquema familiar e iii) ajudava as pessoas a dar sentido às afirmações apresentadas. Portanto, fornecer um contexto significativo melhora a memória.

No entanto, é possível lembrar sem compreender – especialmente com ajuda extra, como ter as informações apresentadas para verificação usando o teste de reconhecimento (ver Capítulo 3). Os pesquisadores demonstraram que, apesar de a *recordação* da passagem "Lavar roupa" (mencionada na seção anterior) ter melhorado muito quando o título era conhecido com antecedência, o *reconhecimento* das frases da passagem era equivalente, com ou sem o título. Alba e colaboradores concluíram que o fornecimento do título permitiu que os participantes integrassem as frases em uma unidade mais coerente, o que beneficiava a recordação – mas que isso só afetava a associação entre as frases, e não a codificação das sentenças em si (e é por isso que o desempenho do reconhecimento do material textual aparentemente foi preservado sem o fornecimento do título).

A pesquisa conduzida com o texto sobre lavar roupas ilustra como nosso conhecimento prévio nos ajuda a lembrar das informações. Bower e Winzenz forneceram outra demonstração. Pediram a participantes que aprendessem conjuntos de palavras que eram apresentadas tanto a) de maneira randômica quanto b) com uma hierarquia bem organizada. A pesquisa provou que apresentar as palavras em hierarquias significativas reduzia o tempo de aprendizado a um quarto do necessário para as mesmas palavras quando posicionadas de maneira randômica. A organização da hierarquia aparentemente enfatizava as nuanças de significado das palavras, o que pareceu não apenas simplificar o aprendizado da lista, mas também forneceu uma estrutura dentro da qual os participantes podiam organizar sua recordação subsequente. Em suma, a organização do material de memória pode melhorar *tanto* i) o aprendizado *quanto* ii) a recordação dos mesmos materiais.

Como o conhecimento estimula a lembrança?

Como vimos no Capítulo 3, especialistas acham mais fácil e rápido aprender novas informações dentro do seu campo de especialidade do que novatos. A descoberta indica que o que aprendemos parece depender em grande parte do nosso conhecimento prévio. Morris mostrou que há uma forte relação entre o quanto os participantes sabiam a respeito de futebol e o número de novos resultados que conseguiam lembrar após ouvir a transmissão da partida apenas uma vez. Os participantes ouviam um novo conjunto de resultados conforme eles tinham sido transmitidos durante o final de semana. Um conjunto de resultados era real, enquanto outro era simulado pela construção de pares de times plausíveis e pela determinação de gols com a mesma frequência com que ocorreram na semana anterior. Os participantes do estudo eram informados quando os resultados que ouviam eram reais ou não. Apenas os resultados reais pareceram ativar o conhecimento e o interesse dos especialistas em futebol. Quanto aos resultados reais, o nível de recordação de memória estava claramente relacionado ao conhecimento do futebol – então, quanto mais conhecedores eram os torcedores, mais se lembravam dos resultados. Contudo, no caso dos resultados simulados (que eram bastante plausíveis, mas não genuínos), descobriu-se que o conhecimento tinha pouco efeito no desempenho da recordação subsequente. Essas descobertas ilustram a interação entre a capacidade de memória e o conhecimento existente (e também, de maneira presumível, o interesse e a motivação) na determinação do que é efetivamente lembrado.

Como o conhecimento pode induzir ao erro?

O conhecimento prévio é um bem valioso, mas também pode induzir a erros. Em um estudo relevante, Owens descreveu aos participantes atividades desempenhadas por um personagem. Uma das cenas era sobre uma estudante chamada Nancy. A primeira parte da cena era:

> Nancy foi ao médico. Ela chegou ao consultório e se apresentou à recepcionista. Ela foi recebida pela enfermeira, que fez os procedimentos de costume. Então Nancy subiu na balança e a enfermeira anotou seu peso. O médico entrou na sala e examinou os resultados. Ele sorriu para ela e disse: "Bem, parece que as minhas suspeitas estavam certas". Quando a consulta terminou, Nancy deixou o consultório.

Metade dos participantes foram informados com antecedência que Nancy estava preocupada com uma gravidez. Esses participantes incluíram entre duas e quatro vezes mais informações incorretas quando sua recordação da cena foi testada. Alguns lembravam dos "procedimentos de costume" conduzidos como se fossem "exames de gravidez". Esse tipo de erro ocorreu tanto em testes de reconhecimento quanto de recordação. Tais descobertas refletem o fato de que há muitas expectativas sobre como atividades convencionais (ir ao médico, à aula, ao restaurante) costumam acontecer – e essas expectativas fornecem esquemas que tanto podem facilitar ou enganar o funcionamento da memória. Em outra parte do seu estudo de "lavar roupa", Bower estudou a influência de tais esquemas na recordação subsequente. Ele forneceu aos participantes histórias baseadas em expectativas normais, mas elas incluíam variações à norma significativas. Por exemplo, uma história sobre comer em um restaurante podia mencionar o pagamento da conta no começo da refeição. Ao recordar as histórias, os participantes tendiam a reorganizar a recordação de acordo com a forma esquemática da história (isto é, a mais típica). Ocorreram outros erros comuns que tinham relação com a inclusão de ações que normalmente seriam esperadas naquele contexto em particular, mas que não foram mencionadas na história original – tais como olhar o menu antes de escolher o prato.

Em geral, as descobertas desses estudos e de similares indicam que as pessoas tendem a lembrar o que é coerente com seus esquemas, mas filtram o que é incoerente.

Memórias reais *versus* memórias imaginadas

Como mencionamos no Capítulo 1, mesmo quando acreditamos estar literalmente "tocando de novo" algum evento ou informação prévios na nossa mente como se fosse uma gravação, estamos na verdade construindo uma memória com os pedaços e partes que realmente lembramos junto com nosso conhecimento geral (isto é, semântico) sobre como essas partes devem ser montadas.

Essa estratégia é normalmente adaptativa, minimizando nossa necessidade de lembrar de novas coisas que são parecidas com o que já conhecemos. Às vezes, porém, pode haver confusão entre o que realmente aconteceu e o que foi imaginado ou sugerido.

O monitoramento da realidade

A questão de monitorar a realidade – identificar quais memórias são de eventos reais e quais são de sonhos ou outras fontes imaginárias – foi abordada de maneira sistemática ao longo de muitos anos por Marcia Johnson e colaboradores. Johnson argumentava que as diferenças qualitativas entre as memórias são importantes para distinguir as *memórias externas* das *geradas internamente*. Ela defende que as memórias externas i) têm fortes atributos sensoriais, ii) são mais detalhadas e complexas e iii) são colocadas em um contexto coerente de tempo e espaço. Em oposição a isso, Johnson argumenta que as memórias geradas internamente incorporam mais traços dos processos de raciocínio e de imaginação que as geraram.

Apesar de Johnson ter encontrado apoio para essas diferenças, aplicar distinções propostas como critério definidor pode mesmo assim nos levar a aceitar algumas memórias como reais, mesmo quando não são. Por exemplo, em um estudo na década de 1990 os participantes foram solicitados a recordar de detalhes de uma gravação em vídeo e relatar tanto a) sua segurança quanto b) a presença ou ausência de imagens e detalhes mentais claros. Descobriu-se que imagens e detalhes claros ocorreram com mais frequência em relatos corretos sobre o que havia sido mostrado na gravação. No entanto, a presença de imagens acessíveis levou as pessoas a ficarem confiantes demais, tanto que detalhes incorretos acompanhados por imagens mentais foram reportados com maior segurança do que os detalhes corretos que não tinham essas imagens associadas. Tais descobertas parecem indicar que não há maneira completamente confiável de distinguir as memórias "reais" das "imaginárias".

Relacionado ao conceito de monitoramento da realidade temos o *monitoramento da fonte*: a capacidade de atribuir corretamente a origem de nossas memórias – afirmar que ouvimos determinada informação a) de um amigo, em vez de b) no rádio. Como veremos, os erros na atribuição das memórias podem ter consequências importantes como, por exemplo, durante testemunhos oculares (Mitchell e Johnson, 2000).

O testemunho ocular

Mesmo aspectos de nosso ambiente cotidiano podem ser muito mal lembrados. No Capítulo 1 vimos que pode ser difícil lembrar corretamente de algo de maneira objetiva, como, por exemplo, se o rosto em uma moeda está virado para a direita ou para a esquerda. De modo geral, as pessoas têm dificuldades para responder a essas perguntas, mesmo quando usam as moedas quase todos os dias. Alguns defendem, no entanto, que quando observamos um evento *fora do comum* (como um crime) temos muito mais condições de lembrar dele de maneira eficiente do que das características de uma simples moeda. Afinal, no dia a dia não precisamos saber para que lado a cabeça está virada para poder usar as moedas de maneira eficaz.

Em uma situação de violência, sabemos que vários fatores trabalham contra uma testemunha ocular e podem obscurecer ou distorcer sua memória:

- Um estímulo maior pode facilitar a memória (como vimos antes), mas, quando uma pessoa experimenta *estresse extremo*, sua atenção pode ficar restrita (por exemplo, a uma arma potencialmente perigosa) e a percepção muitas vezes é tendenciosa.
- Em relação à questão anterior, as pessoas tendem a lembrar menos quando estão em uma *situação violenta* – na qual a autopreservação é mais importante (uma pessoa pode concentrar seus recursos cognitivos na busca de uma rota de fuga ou de um objeto com o qual se defender – em vez de se concentrar no processamento da aparência e na identidade do autor da violência).
- Associado ao item acima, uma *arma* que se encontra na cena do crime pode tirar a atenção da pessoa sobre o autor do crime.
- Apesar de sermos muito melhores em *reconhecer* rostos do que em *recordar* informações, as roupas são uma fonte especialmente poderosa de parcialidade no reconhecimento: um indivíduo que por acaso esteja vestindo roupas semelhantes às do criminoso pode ser "reconhecido" incorrectamente.
- As pessoas tendem a reconhecer menos os rostos de indivíduos de *diferentes grupos raciais e étnicos* do que os seus – mesmo que elas tenham experiência considerável na interação com pessoas de outras raças (esse fenômeno não parece ter relação com graus de preconceito racial).

Outra poderosa influência na distorção da memória é o uso de questões orientadoras. "Você viu *o homem que estuprou* a mulher?" é um exemplo de uma questão orientadora. Ela pode resultar em muito mais confirmações sobre um suposto crime do que questões como "Você viu *um homem estuprar* a mulher?". Então, suponha que você testemunhou um acidente em um cruzamento de trânsito, e mais tarde precisa responder se o carro parou antes ou depois da árvore. Com tal questão, é provável que você "insira" uma árvore na memória da cena, mesmo que ela não estivesse lá quando tudo aconteceu. E, uma vez inserida, ela tende a funcionar como se fizesse parte da memória original, tanto que é difícil distinguir a memória real da que foi inserida logo depois.

Um exemplo específico e relevante da parcialidade da memória foi vivido por Donald Thompson, que (ironicamente, como veremos) era um ativo defensor da falta de credibilidade das evidências testemunhais.

Certa vez, Thompson participou de um debate na televisão exatamente sobre o tema do testemunho ocular. Algum tempo depois, a polícia o prendeu, mas se negou a dar explicações do porquê. Só depois de uma mulher o identificar em uma delegacia de polícia é que ele descobriu que estava sendo acusado de estupro. Quando pediu mais detalhes, ficou claro que o estupro havia acontecido no mesmo momento em que ele estava participando da discussão na televisão. Ele tinha um álibi muito bom (é claro) com grande número de testemunhas, inclusive um dos policiais, que estava participando do mesmo debate! Parece que, por coincidência, a mulher havia sido estuprada enquanto o programa era exibido no mesmo ambiente no qual o crime foi cometido. Este era um caso de problema no monitoramento da fonte, também conhecido como "amnésia de fonte" (ou que Dan Schacter chamou de *atribuição errada* entre os seus "sete pecados da memória"; veja a seção de leituras complementares nas páginas 148-149). Portanto, parece que a memória da mulher referente ao estuprador havia sido influenciada pelo rosto (de Donald Thompson) que ela havia visto na televisão no mesmo instante. (O assunto em questão no programa talvez também tenha sido bastante relevante.) Ela reconheceu o rosto de Thompson, mas o reconhecimento foi atribuído à fonte errada.

Em um assunto relacionado, estudos relataram situações em que as pessoas não eram capazes de reconhecer quando dois indivíduos mudavam de lugar. Esse fenômeno é chamado de "cegueira de mudança", no qual as pessoas quase não conseguem avaliar se houve uma modificação no ambiente ao seu redor. Associada aos problemas que podem surgir no testemunho ocular, a cegueira de mudança indica como podemos estar vulneráveis em relação ao processamento inexato de algumas informações no ambiente ao nosso redor.

O efeito da falsa informação

A distorção da memória por meio da incorporação de novas informações tem sido um importante tema para pesquisadores preocupados com as implicações práticas do testemunho ocular e com as descrições teóricas da natureza da memória. Apesar do que sabemos sobre a falibilidade da memória, os profissionais do sistema judicial, a polícia e a imprensa ainda dão grande peso ao testemunho ocular. No entanto, como vimos na seção anterior, ele pode produzir "informações" que são bastante irreais no contexto do que sabemos – a partir de experimentos científicos cuidadosamente conduzidos – sobre o funcionamento da memória. Os relatos de testemunhas oculares também podem depender do seu investimento emocional e da sua perspectiva pessoal; por exemplo, se tiverem mais ou menos empatia em relação ao criminoso ou à vítima.

Elizabeth Loftus explorou a fundo o *efeito da falsa informação*. De maneira mais específica, ela demonstrou repetidamente as distorções da memória depois de intervir com questões ou informações falsas. O assunto é trazido à tona quando informações falsas são introduzidas de maneira indireta. Por exemplo, Loftus apresentou aos participantes uma série de slides junto com a história de um acidente de trânsito. Depois, eles foram questionados sobre o evento. Uma das perguntas era um pouco diferente para metade do grupo; referia-se à placa de trânsito "Pare" no lugar da placa "Dê a preferência". Os participantes que responderam à questão com a informação errada tinham maior probabilidade de confirmar essa informação em um teste de memória de reconhecimento feito mais tarde. Eles tendiam a escolher a placa de trânsito que havia sido mencionada na questão falsa em vez da que realmente tinham visto. Essas são descobertas de peso e têm implicações importantes no tipo de questão a que testemunhas oculares de crimes e acidentes deveriam ser submetidas se a recordação precisa ser a mais exata possível. No entanto, os fundamentos do efeito da falsa informação continuam a ser questionados por alguns pesquisadores. Aqueles que discordam da interpretação de Loftus defendem que é possível que a memória original dos participantes realmente tenha sido distorcida de maneira permanente pelo questionamento, mas também é possível que as questões somente complementem as memórias dos participantes ao fornecer informações que eles não teriam condições de lembrar de outra maneira. Essa questão será discutida mais adiante neste capítulo.

Em termos gerais, a principal mensagem desses estudos é, mais uma vez, que a memória não deve ser encarada como um processo passivo: como vimos no Capítulo 1, ela é um sistema "de cima para baixo" influenciado pela nossa "organização mental" (nossos preconceitos, estereótipos, crenças, posturas e ideias), assim como é um sistema "de baixo para cima" influenciado pelos sentidos. Em outras palavras, a memória não é apenas dirigida pelas informações sensoriais que derivam do ambiente físico que nos rodeia, com as pessoas recebendo informação e colocando-a no seu depósito da memória. Pelo contrário: influenciados pelo conhecimento anterior e pressuposições, atribuímos significado à informação percebida, influenciando nossas memórias para que sejam coerentes com a nossa visão de mundo.

Memórias falsas

As memórias recuperadas e falsas também estão relacionadas ao efeito da falsa informação, mas com o potencial de ter consequências ainda mais sérias. Sob terapia, alguns adultos "recuperaram" memórias de supostos abusos sofridos na infância que levaram a condenações judiciais. Entretanto, nesses casos, as pessoas estão realmente "recuperando" memórias de eventos genuínos que aconteceram durante a infância ou estão sendo induzidas a lembrar de coisas que não aconteceram de verdade? Muitas pesquisas mostram que, sob certas circunstâncias, falsas memórias podem ser criadas. Algumas vezes, elas são benignas. Roediger e McDermott vêm conduzindo diversas pesquisas, desde a

10. Nossa memória para eventos como um acidente de carro pode ser influenciada pelo tipo de questão a que somos submetidos, de tal modo que informações podem ser "inseridas" na nossa memória. Esse fenômeno – conhecido como o efeito da falsa informação – tem implicações profundas no testemunho ocular.

década de 1990, que demonstram que as pessoas podem ser estimuladas a "lembrar" de um item que tem ligação semântica com conjuntos de itens apresentados anteriormente, mas que não foi mostrado (por exemplo, as pessoas podem lembrar de terem sido expostas à palavra "noite", quando, na verdade, foram expostas a um conjunto de palavras que está associado do ponto de vista semântico com "noite", como "escuro", "lua", "preto", "silêncio", "dia"...).

Menos benigna é a possibilidade de criar – por meio de sugestão e de informações falsas – memórias para "eventos" que o indivíduo acredita de forma veemente terem acontecido no seu passado mas que, na verdade, não ocorreram. Então continua a ser pelo menos plausível que alguns eventos de abuso dos quais as pessoas "lembram" na verdade sejam falsos.

Em experiências feitas em laboratório, Elizabeth Loftus descobriu que as pessoas respondem a questões falsas de maneira tão rápida e confiante quanto a aquelas que não são formuladas com distorções. Em tais situações, mesmo que o participante perceba que a nova informação foi introduzida, isso ainda assim pode se tornar parte da sua "memória" sobre o incidente, ou seja, a distorção da memória pode ser introduzida de maneira retrospectiva (mesmo que seja identificada conscientemente como tal). Em uma experiência, Loftus e Palmer pediram a alguns estudantes que assistissem a uma série de filmes, cada um mostrando um acidente de trânsito. Depois, eles tinham que responder a questões sobre esses eventos. Uma das perguntas era: "Quão rápido os carros iam quando _____?". O espaço em branco era preenchido com uma palavra diferente para cada grupo de estudantes e poderia ser qualquer uma destas: "se chocaram, "colidiram", "se abalroaram", "bateram" ou "se encontraram". Os pesquisadores descobriram que a estimativa dos estudantes sobre a velocidade dos carros era influenciada pelo verbo escolhido. Loftus e Palmer concluíram que a memória dos estudantes sobre o acidente havia sido alterada pela informação implícita fornecida pela pergunta.

Loftus e Palmer continuaram a pesquisar o assunto ao pedir aos estudantes que assistissem a um filme com um acidente envolvendo diversos carros. Mais uma vez, eles eram questionados sobre a velocidade dos carros, com a palavra "chocar" (dando a entender uma maior velocidade de colisão) sendo usada para um grupo de estudantes e "bater" para o outro. A um terceiro grupo de estudantes, essa pergunta não foi feita. Uma semana mais tarde, os estudantes foram solicitados a responder mais questões e uma delas era "Você viu algum vidro quebrado na cena do acidente?".

Os pesquisadores descobriram que o verbo utilizado na pergunta sobre a velocidade influenciou não apenas a estimativa dos estudantes quanto à velocidade, mas também as respostas sobre o vidro quebrado. Os estudantes que estimaram uma velocidade maior eram mais propensos a se lembrar de ter visto vidros quebrados na cena do acidente – apesar de, na verdade, não aparecer nenhum vidro quebrado no filme. Os estudantes que não responderam sobre a velocidade anteriormente tiveram menos propensão a responder de forma afirmativa quando questionados sobre o assunto uma semana mais tarde.

Em outro estudo, Loftus apresentou novamente um filme de acidente de trânsito. Desta vez, ela perguntou a alguns dos participantes: "Qual a velocidade do carro esportivo quando passou pelo celeiro enquanto viajava pela estrada de terra?". Na verdade, não havia celeiro no filme. Uma semana mais tarde, os participantes que haviam respondido a essa pergunta tinham maior probabilidade de dizer que se lembravam de ter visto um celeiro no filme. Mesmo quando os participantes eram simplesmente questionados "Você viu um celeiro?" logo após terem visto o filme, eles estavam mais propensos a "lembrar" – uma semana mais tarde – de o terem visto.

Loftus concluiu a partir desses resultados que a representação da memória de um evento pode ser modificada pela introdução posterior de uma falsa informação. Alguns pesquisadores defendem, no entanto, que os participantes desses estudos estavam simplesmente se adaptando ao que era esperado deles – assim como uma criança dá a resposta que acha que esperam dela, em vez de dizer "Não sei". No entanto, Loftus continuou a encontrar mais evidências convincentes para apoiar suas conclusões.

A pesquisadora apresentou mais uma vez um acidente de trânsito aos participantes, mas agora em sequência de slides. O acidente mostrava um carro vermelho virando uma esquina e atingindo um pedestre, mas o grupo de participantes i) viu o carro parar primeiro diante de uma placa "Pare", enquanto o grupo ii) viu o carro parar diante de uma placa "Dê a preferência". Dessa vez, a questão crucial era: "Outro carro passou pelo carro vermelho enquanto ele estava parado diante da placa 'Pare'?" ou "Outro carro passou pelo carro vermelho enquanto ele estava parado diante da placa 'Dê a preferência'?". Para metade dos participantes de cada grupo, foi usada a palavra "Pare", e para a outra metade foi utilizada a expressão "Dê a preferência". Metade dos participantes de cada grupo recebeu a informação que condizia com o que tinham visto do acidente, e a outra metade recebeu informações falsas.

Vinte minutos mais tarde, todos viram pares de slides, nos quais uma das telas mostrava algo que eles tinham visto e a outra era um pouco diferente. Os participantes tinham que escolher a tela mais precisa de cada par. Um dos pares mostrava o carro parando diante da placa "Pare", enquanto o outro mostrava o carro parando diante da placa "Dê a preferência". Os pesquisadores descobriram que os participantes que tinham sido questionados antes com perguntas coerentes com o que tinham visto nos slides originais tinham maior propensão a escolher o slide correto vinte minutos depois. Em oposição, os participantes que foram questionados com uma pergunta que continha uma informação falsa tinham maior probabilidade de escolher o slide errado. Embora seja complicado fazer uma avaliação, essa descoberta sugere que algumas pessoas estavam realmente *lembrando* de acordo com as placas "Pare" e "Dê a preferência", em vez de simplesmente se adaptar ao que se esperava deles – assim como alguns dos opositores de Loftus haviam sugerido anteriormente (porque cada participante agora tinha duas respostas igualmente plausíveis para escolher no momento do teste).

Essas descobertas têm grande significado para as técnicas de entrevista utilizadas por policiais, advogados, juízes e outros profissionais do sistema judicial. Por outro lado, descobertas sugerem que, sob certas condições, a memória pode funcionar de maneira que informações relevantes subsequentes não sejam incorporadas de modo apropriado (como deveriam ser). Esse corpo de pesquisa complementar indica que, apesar de as pessoas poderem lembrar correções a informações falsas dadas anteriormente, elas podem continuar mesmo assim a acreditar em informações desacreditadas (como observado em investigações de laboratório conduzidas por Lewandowsky e colaboradores). Com relação aos exemplos desse fenômeno no mundo real, considere o seguinte: cerca de um ano depois da invasão do Iraque em 2003, trinta por cento dos entrevistados em uma pesquisa feita nos EUA ainda acreditava que armas de destruição em massa haviam sido encontradas no país. E, vários meses após o presidente George Bush declarar que a guerra contra o Iraque havia terminado (em maio de 2003), vinte por cento dos norte-americanos acreditava que o Iraque havia usado armas químicas ou biológicas no campo de batalha durante o conflito. Portanto, em algumas situações, parece haver a retenção de informações incorretas na memória – um fenômeno que também pode ter profundas consequências sociais. Um desafio importante para futuras pesquisas é definir melhor as condições do ambiente que nos predispõem a i) uma distorção retrospectiva incorreta da memória (identificada por Loftus) ou

ii) uma falha inapropriada na incorporação de informações relevantes apresentadas depois do evento original (identificada por Lewandowsky).

"Os setes pecados da memória" propostos por Dan Schacter

Dan Schacter afirma que o mau funcionamento da memória pode ser dividido em sete transgressões fundamentais ou "pecados":

distração: um defeito na interface entre a atenção e a memória – em vez de perder informação ao longo do tempo, simplesmente não registramos a informação ou não a procuramos quando necessário, porque nossa atenção está direcionada para outra coisa;

transitoriedade: um enfraquecimento ou perda da memória ao longo do tempo – a ponto de lembrarmos o que fizemos hoje, mas em alguns meses provavelmente termos esquecido por causa da deterioração;

bloqueio: a busca sem sucesso por informações, as quais tentamos recuperar desesperadamente – o "fenômeno da ponta da língua" é um exemplo desse mau funcionamento;

cometimento: associar a memória à fonte errada – você pode ouvir sobre algo na televisão e se lembrar da informação como se ela tivesse sido fornecida por um colega de trabalho;

sugestionabilidade: as memórias que estão implantadas como resultado de questões, comentários e sugestões orientadores – em conjunto com o cometimento, isso pode causar sérios problemas no contexto judicial;

distorção: a influência poderosa do conhecimento e das crenças prévias sobre como nos lembramos do nosso passado – distorcemos eventos passados ou materiais aprendidos de maneira inconsciente, à luz da nossa perspectiva atual e na tentativa de nos apresentarmos de maneira positiva perante os outros;

persistência: recordação repetitiva de informações ou eventos perturbadores que preferiríamos esquecer – isso pode ir de um simples constrangimento no ambiente de trabalho a uma experiência extremamente traumática (no estresse pós-traumático).

Capítulo 5
Os distúrbios da memória

Este capítulo examinará a perda de memória, ou "amnésia", que ocorre quando a memória não funciona de maneira eficiente por consequência de lesões cerebrais. A partir dos diferentes subcomponentes da memória que foram discutidos nos capítulos anteriores, o foco aqui será na perda de memória na chamada síndrome amnésica clássica. Serão analisadas metáforas apropriadas sobre o funcionamento da memória de longo prazo, incorporando a distinção ampla e exemplar entre as atividades da "impressora" (que cria novas memórias de longo prazo) e da "biblioteca" (que armazena as memórias de longo prazo antigas e "consolidadas"). Muito se aprendeu sobre o funcionamento normal da memória por meio de estudos feitos com indivíduos com a memória prejudicada por lesões cerebrais, e este capítulo vai oferecer um panorama dessas importantes descobertas. Examinaremos também como outras condições clínicas e estados mentais podem influenciar a memória.

A memória e o cérebro

Até aqui, examinamos principalmente a memória do ponto de vista de seus componentes e processos funcionais – o "software", por assim dizer. Mas também podemos pensar na memória em outro nível – do ponto de vista do "hardware" do sistema nervoso central, que medeia a memória. As memórias são classificadas (ou consolidadas) numa parte do cérebro chamada *hipocampo*, que funciona como a "impressora" das novas memórias. As memórias importantes são "impressas" pelo hipocampo e depois armazenadas (como "livros") por um período indefinido no *córtex cerebral*. O córtex é a camada mais externa do cérebro, onde um grupo denso de células nervosas semelhantes a uma trepadeira reverberam por meio de impulsos elétricos e químicos para armazenar informações. O córtex cerebral pode ser visto como a "biblioteca", na qual essas memórias importantes de longo prazo ("livros") que foram "impressas" pelo hipocampo são armazenadas por tempo indeterminado. (Até que ponto o hipocampo continua participando da recuperação dessas memórias ao longo de grandes períodos de tempo ainda é – até o momento em que escrevo – tema de discussão.)

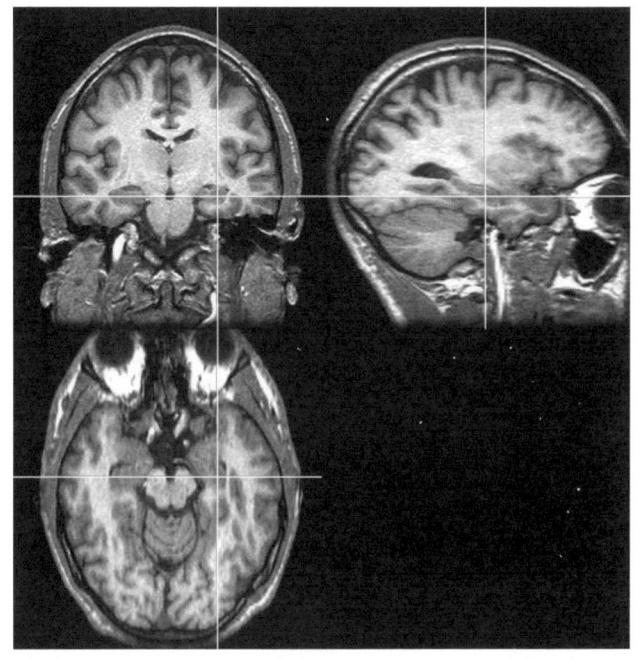

11. Uma das estruturas mais importantes que participa da memória é o hipocampo, indicado pelo cruzamento das linhas nas imagens acima.

Grande parte da pesquisa sobre a memória tem se concentrado no que as pessoas fazem, dizem, sentem e imaginam como resultado de suas experiências passadas. No entanto, também é importante analisar como os eventos passados refletem em nossa atividade cerebral – em especial no contexto das condições clínicas que podem ter impactos prejudiciais à memória. Agora, passaremos a analisar o que pode acontecer quando o "hardware" do cérebro que está por trás da memória é danificado.

A perda de memória após lesão cerebral – a "síndrome amnésica"

A síndrome amnésica é o exemplo mais puro de distúrbio da memória, pois está relacionada a uma forma de lesão cerebral específica (normalmente, nas partes do cérebro conhecidas como *hipocampo* ou *diencéfalo*). Na síndrome amnésica, os pacientes manifestam uma amnésia *anterógrada* severa e certo grau de amnésia *retrógrada*: a amnésia anterógrada se refere à perda de memória para informações que aconteceram depois da lesão cerebral, já a amnésia retrógrada se refere à perda de memória de informações que aconteceram antes da lesão (veja a Figura 5).

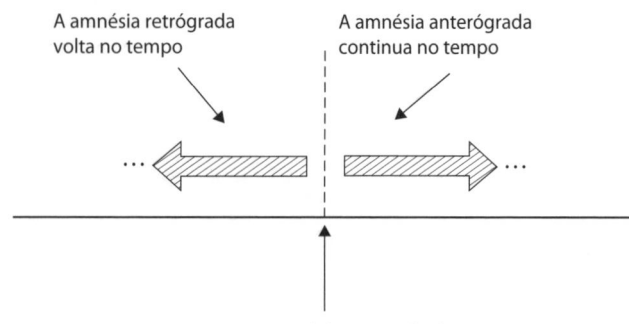

12. *Memória anterógrada* **é uma forma de problema da memória na qual os eventos ou informações apresentados depois do momento da lesão não podem ser lembrados. Em oposição, na** *memória retrógrada* **a pessoa é incapaz de lembrar de informações ou eventos que lhe foram apresentados antes do momento da lesão.**

Eis o relato de um conhecido paciente, NA, que foi diagnosticado amnésico após sofrer uma lesão cerebral muito específica e bastante incomum.

> Estava trabalhando na minha escrivaninha... meu companheiro de quarto entrou [e] pegou uma das minhas espadas de esgrima pequenas da parede, acho que estava fingindo ser o Cyrano de Bergerac atrás de mim... Eu senti um toque nas costas... girei... ao mesmo tempo em que ele dava a estocada. Ela entrou pela minha narina esquerda, subiu e atingiu a região cribriforme do meu cérebro.

O que vem a seguir é um trecho da conversa interessante e reveladora que o paciente teve com seu psicólogo, Wayne Wickelgren, apresentado a NA em uma sala do MIT (Massachusetts Institute of Technology) nos Estados Unidos. NA ouviu o nome de Wickelgren e disse:

– Wickelgren. É um nome alemão, não?
Wickelgren respondeu:
– Não.
– Irlandês?
– Não.
– Escandinavo?
– Sim, é escandinavo.

Depois houve mais cinco minutos de conversa entre NA e Wickelgren, e o psicólogo saiu da sala. Cinco minutos mais tarde, ele voltou. Aparentemente, NA olhou para ele como se nunca o tivesse visto antes, e os dois foram apresentados novamente. E a seguinte conversa veio a seguir:

– Wickelgren. É um nome alemão, não?
Wickelgren respondeu:
– Não.
– Irlandês?
– Não.
– Escandinavo?
– Sim, é escandinavo.

Perceba no relato que nem todos os tipos de memória foram abolidos em NA, que mantém seu conhecimento da língua. Ele entendeu o que lhe foi dito e produziu frases que faziam sentido. Até esse momento, sua memória semântica foi pelo menos parcialmente preservada (veja o Capítulo 2). Além disso, as habilidades da memória de trabalho de NA foram preservadas de maneira suficiente para que ele conseguisse acompanhar o que estava sendo dito durante a conversa. O que parece faltar a NA é a *habilidade específica de reter novas informações ao longo de um significativo período de tempo*. Em outras palavras, ele não tem a habilidade de colocar novas informações em sua memória de longo prazo. Essa é uma das principais características da síndrome amnésica.

De modo geral, nas pessoas com síndrome amnésica, são mantidas a inteligência, a linguagem e a amplitude da memória imediata. Entretanto, a memória a longo prazo é prejudicada de maneira severa. A natureza desse distúrbio é alvo de grande debate, sendo que alguns teóricos defendem que há uma perda seletiva da memória *episódica* na síndrome amnésica (a memória episódica é definida como a memória para eventos que você vivenciou; veja o Capítulo 2). Em compensação, outros pesquisadores defendem que a amnésia clássica apresenta um déficit muito mais amplo envolvendo a memória *declarativa* (que se refere a fatos, eventos ou afirmações que foram trazidos à mente e expressos de maneira consciente; ela se sobrepõe de maneira significativa ao conceito de memória explícita, discutido no Capítulo 2). Por outro lado, a síndrome amnésica parece ter pouco efeito sobre a memória processual ou implícita (lembrar como dirigir, por exemplo), e mesmo novas memórias processuais podem ser formadas de maneira eficiente (isto é, novas habilidades podem ser adquiridas de maneira eficiente, tais como jogar malabares ou andar de monociclo).

A síndrome amnésica clássica geralmente está ligada a lesões no hipocampo e em regiões cerebrais próximas a

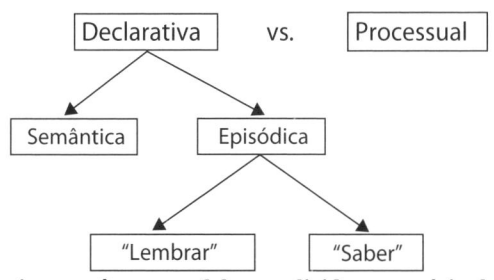

```
        Declarativa    vs.    Processual
         /      \
   Semântica   Episódica
                /     \
          "Lembrar"  "Saber"
```

13. Squire propôs um modelo que divide a memória de longo prazo em memória declarativa (ou explícita) e memória processual (ou implícita), sendo que apenas a memória declarativa é comprometida em casos de síndrome amnésica.

ele, como o tálamo no diencéfalo. Portanto, lesões no hipocampo e no tálamo evitam a formação de novas memórias conscientes. Além disso, quando indivíduos com amnésia aprendem novas habilidades, parecem atingir esse feito sem ter consciência dele. HM, que teve seu hipocampo removido por meio de uma cirurgia, conseguiu solucionar um enigma complicado, chamado "desenho espelhado", o qual tentou resolver por muitos dias (veja a Figura 14). Ainda assim, cada vez que a tarefa lhe era apresentada, ele alegava nunca ter visto aquele enigma antes!

Esse é um ponto muito importante quando examinamos o modo como diferentes aspectos da memória se *fracionam* e *desassociam* depois de uma lesão cerebral, e pode ser útil quando analisarmos possíveis métodos de reabilitação para pessoas com distúrbios de memória. Ele também pode nos dar informações importantes sobre o modo como a memória é organizada em um cérebro saudável e sem lesões. Mais especificamente, há a famosa afirmação (feita por Kenneth Craik) de que, para sistemas complexos como o cérebro, poderemos aprender mais sobre os relacionamentos funcionais nesses sistemas i) quando eles deixam de funcionar de maneira adequada do que ii) quando tudo está funcionando bem. Além disso, como vimos no Capítulo 2, diversas diferenças funcionais da memória foram propostas na tentativa

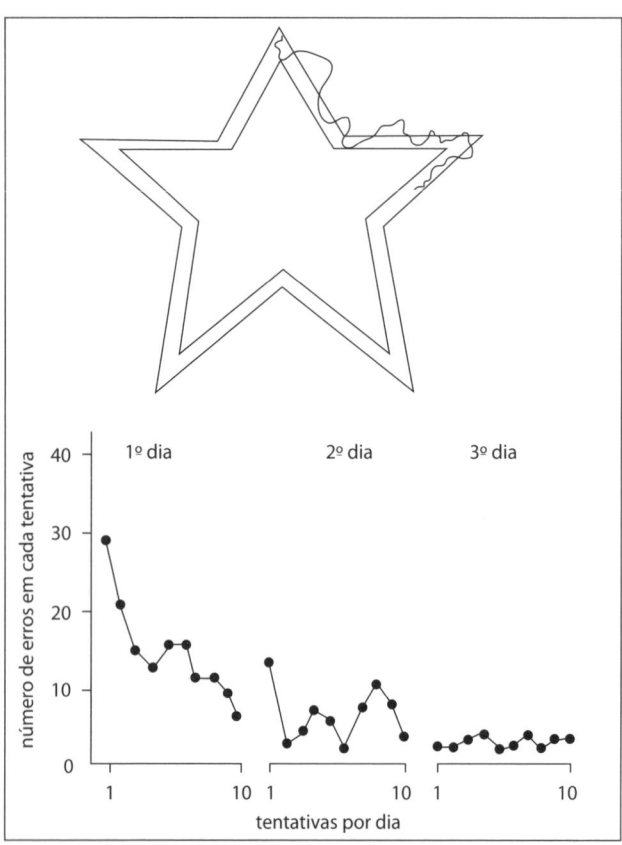

14. Pacientes com síndrome amnésica normalmente conseguem realizar uma tarefa difícil, chamada desenho espelhado, em tentativas que duram vários dias – ainda que a cada nova tentativa possam negar ter feito tal tarefa antes! (Indivíduos com amnésia normalmente executam grande variedade de tarefas da memória processual ou implícita de modo normal, ou quase normal.)

de entender as descobertas obtidas na avaliação tanto de a) indivíduos saudáveis quanto de b) pessoas com diferentes formas de lesões cerebrais. Essas duas fontes de informação forneceram descobertas esclarecedoras relativas à organização da memória humana.

No passado, havia a tendência de categorizar de maneira conjunta todos os diferentes subtipos de amnésia independentemente de o indivíduo ter ou não um problema identificável na memória funcional. Mas hoje percebe-se que diferentes subtipos de amnésia têm características distintas, de acordo com a localização precisa da lesão cerebral. No futuro, precisaremos desenvolver uma taxonomia mais completa sobre os diferentes distúrbios relacionados à memória.

Como fazer inferências sobre a memória e o cérebro

Nos últimos anos, o estudo da amnésia tem se mostrado importante a) para diferenciar certos tipos de processos da memória e b) ao ligar déficits da lembrança a estruturas cerebrais específicas que muitas vezes estão danificadas em pacientes com problemas de memória. Além disso, o desenvolvimento de técnicas de captura de imagens do cérebro, como a ressonância magnética funcional (RMf) e a tomografia por emissão de pósitrons (PET), acrescentou novas informações significativas e *convergentes* que nos permitiram estudar partes do cérebro que estão ativas quando pessoas sem lesões cerebrais se lembram de algo. A captura de imagens do cérebro também se mostrou útil na investigação de uma série de outras doenças clínicas e estados que podem estar relacionados a diferentes tipos de perda de memória, como (mas não apenas) doenças tão diferentes entre si como a depressão e a esquizofrenia, além do *déjà vu* (veja o Capítulo 3). Recentemente, houve até sugestões controversas de que o funcionamento cerebral poderia ser usado para avaliar a culpa ou a inocência de um criminoso em potencial, ao determinar se alguém possui "memória" para eventos e/ou lugares associados especificamente ao crime.

É difícil inferir generalizações sobre a memória e o cérebro, porque o ato de lembrar é um processo complexo – que envolve muitos processos cognitivos que são subcomponentes (veja os capítulos anteriores) sujeitos a uma constelação de mecanismos cerebrais. Ou seja, muitas partes do cérebro estão ativas quando alguém lembra de algo. Isso foi claramente demonstrado por estudos de imagens do cérebro conduzidos ao longo das últimas décadas sobre diversas regiões cerebrais que antes não eram muito associadas à memória (como o córtex pré-frontal, localizado logo acima e atrás dos olhos, que participa da codificação e da recuperação). Portanto, a tentativa de isolar a atividade neural que pode ser exclusiva do ato de lembrar representa um desafio. Mesmo assim, essa questão valida o fato de que certas partes do cérebro parecem realmente ser mais importantes para a memória em particular.

Examinando a amnésia

Os pacientes com amnésia de lobo temporal (como HM, em Boston, ou SJ, cujo caso estudamos em Perth, na Austrália) nos ensinaram muito sobre a base neurológica da memória. Em particular, parece que importantes elementos da memória de longo prazo são servidos pelo hipocampo, que fica no fundo do lobo temporal do cérebro. O paciente HM foi submetido a uma cirurgia como tratamento para uma epilepsia impossível de tratar em 1953. O cirurgião removeu a face interior do lobo temporal de cada hemisfério, incluindo partes do hipocampo, da amígdala e do córtex rinal. Desde então, HM quase não se lembrou de nada novo, apesar de aparentemente lembrar de alguns eventos da sua vida anteriores ao procedimento cirúrgico. Suas outras habilidades cognitivas (como inteligência, linguagem e amplitude de memória imediata) parecem não terem sido afetadas. Além disso, como vimos anteriormente, pessoas com síndrome amnésica são capazes de aprender novas habilidades motoras, como fazer desenhos espelhados (Figura 14), e habilidades perceptivas, como completar imagens – apesar de não lembrarem de ter feito tais coisas.

Veja a seguir um exemplo de teste de memória comum feito com pacientes como HM. Antes de o teste começar, HM se apresenta e conversa com o neuropsicólogo por alguns minutos, não se lembrando de o ter conhecido antes. O profissional pergunta a HM o que ele comeu no café da manhã: ele não lembra. Então, começa o teste sistemático da memória. O neuropsicólogo retira uma série de fotografias de rostos de dentro de sua pasta. Ele mostra algumas a HM, que as estuda cuidadosamente. Alguns minutos mais tarde, HM não é capaz de dizer quais rostos acabou de ver e quais não. Seu desempenho nessa tarefa é consideravelmente mais baixo do que o de um teste de comparação, feito com um participante-controle – que tem a mesma idade, sexo e formação que HM, mas que não teve lesão cerebral. Os mesmos resultados são obtidos a partir de uma lista de palavras lidas em voz alta para HM, as quais ele é solicitado a lembrar mais tarde. O neuropsicólogo então mostra a HM um desenho simples feito com linhas e pergunta se ele consegue identificá-lo. HM o identifica corretamente como uma cadeira. Ele também consegue repetir uma série de seis números logo após ouvi-los. O neuropsicólogo sai da sala e HM aguarda lendo uma revista. Vinte minutos mais tarde, o profissional retorna. HM não o reconhece: levanta e educadamente se apresenta. (Obtivemos um padrão similar de resultados na Austrália com o paciente SJ.)

HM e SJ são pacientes amnésicos especialmente "puros", isto é, eles apresentam uma grande perda de memória seletiva. A lesão cerebral de SJ está mais confinada ao hipocampo do que a de HM, mas eles parecem manifestar perfis clínicos e de teste muito similares. As memórias de curto prazo de HM e SJ estão intactas, mas suas memórias para os eventos do dia a dia estão seriamente prejudicadas. A princípio, sugeriu-se que a lesão cerebral de HM havia o deixado incapaz de consolidar (isto é, armazenar) memórias novas. No entanto, desde então, se reconhece que HM e outros pacientes com amnésia do lobo temporal, como SJ, podem aprender novas habilidades e desempenhar tarefas da memória implícita, como apontamos anteriormente. Portanto, parece pouco provável que uma falha direta na consolidação possa ser responsável por todos os sintomas nesses indivíduos.

Atualmente, há uma controvérsia sobre até que ponto as memórias "antigas" anteriores ao momento da lesão cerebral podem ser acessadas por pacientes como HM e SJ. Mais de cinquenta anos após sua cirurgia, os neurocientistas ainda não concordam sobre por que exatamente HM apresenta entre suas características uma profunda perda da memória. Mesmo assim, seu caso – e de outros pacientes similares com síndrome amnésica – chamou muita atenção para o hipocampo como estrutura principal da memória. Isso se mostrou como um passo crucial para aumentar o nosso conhecimento sobre o "hardware" do cérebro que está por trás da memória e desenvolver teorias neurocientíficas sobre a armazenagem de informações.

A amnésia tem profundas implicações filosóficas, dada a intensidade da relação entre a nossa contínua percepção de personalidade, eu e identidade, e a nossa memória. Na prática, a perda de memória é muito debilitante, dada a série de atividades diárias para as quais ela é importante, além de colocar um grande peso sobre os cuidadores. Por exemplo, pode ser muito frustrante ser submetido às mesmas perguntas ou fazer as mesmas coisas repetidas vezes porque alguém não se lembra de ter feito a pergunta ou executado a tarefa antes. Algumas estratégias de memória se mostraram efetivas de maneira confiável para pessoas com perda de memória após lesões cerebrais, tais como técnicas de aprendizagem sem erros (veja o Capítulo 7). Ajudas externas, como os organizadores pessoais – que avisam as pessoas em horários determinados a fazer coisas específicas – podem ajudar em casos de perda de memória. Contudo, a memória não é um músculo que pode ser melhorado com exercícios repetitivos. Então, decorar páginas e páginas de Shakespeare não vai ajudar a melhorar a sua habilidade geral de memória, a menos que ao decorar Shakespeare você crie estratégias ou técnicas de memória mais genéricas que podem ser aplicadas em outras áreas (como as técnicas de visualização de imagens; veja o Capítulo 7).

Avaliações das disfunções da memória

Tanto na prática clínica quanto na pesquisa, é importante realizar uma série de avaliações sistemáticas em pacientes com disfunções da memória. Os distúrbios da memória às vezes ocorrem de maneira isolada, como nos casos de HM, SJ ou NA. Essa, porém, é uma ocorrência muito rara. Por exemplo, uma das formas mais comuns de distúrbio da memória é encontrada na "síndrome de Korsakoff", que geralmente afeta outras capacidades psicológicas além da memória. Por isso, é aconselhável avaliar as demais habilidades mentais como percepção, atenção e inteligência – assim como linguagem e funções executivas – em uma pessoa que apresenta perda de memória.

No caso de pacientes amnésicos, os psicólogos normalmente começam a avaliação com a Escala de Memória de Wechsler (EMW, agora em sua terceira edição, EMW-III). Outras escalas também são úteis; por exemplo, a Escala de Inteligência de Wechsler para Adultos (EIWA, também em sua terceira edição, EIWA-III) também pode ser usada; assim, o desempenho na EIWA-III pode ser comparado com o desempenho na EMW-III. Se houver uma diferença substancial entre os valores da EMW e a EIWA, isso indicará que a pessoa amnésica tem um distúrbio específico na memória – mas não na inteligência em si.

Atualmente, a inteligência deve ser avaliada por meio da EIWA (ou outro instrumento similar) e do estado pré-mórbido (com o uso de um indicador de QI anterior à doença), para que se possa determinar se houve queda significativa na inteligência ao longo do tempo como consequência da disfunção clínica.

Tanto a EIWA quanto a EMW são atualizadas periodicamente e padronizadas em relação à população saudável. Isso é comum na maioria dos testes psicométricos disponíveis no mercado. Assim, a EIWA-III e a EMW-III podem ser administradas e os resultados comparados com os da população em geral. As escalas dos testes de Wechsler foram criadas a partir do resultado da população em geral, 100, com um desvio padrão de 15. Então, se uma pessoa tiver uma nota 85 no EIWA-III estará dentro do desvio padrão mínimo da população em geral.

No entanto, a avaliação da memória fornecida pelo EMW-III não é abrangente e outros testes de memória e (se possível) outras capacidades cognitivas também devem ser usados para avaliar a amnésia. Isso inclui a avaliação da memória remota e autobiográfica. Questionários clínicos sobre a memória também podem dar origem a informações valiosas que as medidas psicométricas nem sempre fornecem – em especial, uma compreensão importante das dificuldades diárias do paciente pode ser oferecida pelo cuidador ou pelo próprio paciente. Além disso, apesar de talvez a memória de uma pessoa deficiente não ser extremamente precisa para completar tais questionários, também é possível compreender a percepção do próprio paciente sobre o funcionamento de sua memória por meio da administração de tais instrumentos.

Como um panorama da amnésia, observe que:
- o aprendizado de novas informações ao longo de muito tempo pode ser impossível, mesmo que a pessoa com amnésia possa repetir informações normalmente dentro da amplitude da sua memória de trabalho.
- indivíduos com amnésia podem reter memórias sobre a infância, mas é comum ser quase impossível adquirir novas memórias – como o nome de pessoas que acabaram de conhecer.
- as pessoas amnésicas podem se lembrar de como dizer as horas, mas não se lembram em qual mês ou dia estamos, nem conseguem aprender a localização dos móveis de uma casa nova.
- pessoas com amnésia podem aprender novas habilidades como digitar; mas, apesar das evidências comportamentais desse novo aprendizado, podem negar que tenham usado um teclado da próxima vez em que se sentarem frente a um.

A amnésia dissociativa

Nem todas as disfunções da memória são resultado de uma doença ou lesão. No caso da "amnésia dissociativa" normalmente há um distúrbio funcional da memória, mas não há evidências tangíveis de lesões cerebrais neurológicas.

Há casos de indivíduos que entram em um *estado dissociativo*, em que parecem se tornar parcial ou completamente separados de suas memórias. Isso é muitas vezes causado por um evento de natureza violenta, como abuso físico ou sexual, ou depois da realização ou testemunho de um assassinato. Um exemplo de estado dissociativo é o estado de fuga dissociativa, no qual uma pessoa perde a noção de sua identidade pessoal e das memórias que a acompanham. Indivíduos que experimentam esse estado normalmente não estão conscientes de que há algo errado e, muitas vezes, adotam

15. No estado de fuga dissociativa, uma pessoa parece perder a noção de sua identidade pessoal e das memórias que a acompanham. Essa doença pode ser causada por um evento traumático como um acidente de carro ou um assalto. Tal condição é apresentada no filme *Suspeita*, de Alfred Hitchcock.

uma nova identidade. A fuga só se torna aparente quando o paciente "retorna" dias, meses ou anos depois do evento deflagrador – e muitas vezes se encontra a quilômetros de onde morava originalmente, por isso o nome "fuga".

Outra forma de estado dissociativo é o "transtorno de múltiplas personalidades", no qual várias personalidades aparentemente emergem para administrar diferentes aspectos do passado de um indivíduo. No famoso caso de Hillside Strangler em Los Angeles no final da década de 1970, Kenneth Bianchi foi acusado de estupro e assassinato de diversas mulheres e, apesar das fortes evidências contra ele, insistia em negar sua culpa e afirmava não saber nada sobre os crimes. Sob hipnose, no entanto, surgia outra personalidade chamada "Steve", que era muito diferente de "Ken" e se dizia responsável pelos crimes. Quando retirado do estado de transe hipnótico, Kenneth Bianchi aparentemente não conseguia lembrar da conversa entre Steve e quem aplicou a hipnose. Se duas ou mais personalidades podem existir dentro de um mesmo indivíduo, isso claramente cria problemas legais significativos no que diz respeito a qual pessoa deveria ser processada pelo crime! No entanto, nesse caso, a lei foi contra Bianchi – porque a corte se recusou a aceitar que ele tinha duas personalidades diferentes.

No julgamento, diversos psicólogos apontaram que a outra personalidade de Bianchi emergia durante as sessões de hipnose – nas quais o examinador sugeria a ele que revelasse outra parte de si mesmo. A própria hipnose é uma técnica controvertida em relação ao fato de realmente poder induzir a diferentes estados de consciência. Além disso, uma questão específica nesse caso é se os efeitos das hipnoses não eram causados pela conformidade às instruções dadas pelo examinador – uma questão análoga a um dos principais pontos sob consideração no que diz respeito a muitas das descobertas de Elizabeth Loftus e suas implicações no fato de testemunhos oculares serem plausíveis ou não (veja o Capítulo 4). No contexto de Bianchi, a hipnose pode ter permitido a sugestão

16. O "transtorno de múltiplas personalidades" é um estado dissociativo controverso no qual diversas personalidades aparentemente emergem para lidar com diferentes aspectos da vida de um indivíduo; uma versão bastante exagerada dessa síndrome foi representada no livro *O médico e o monstro*.

de que outra personalidade poderia existir – e Bianchi pode ter percebido a oportunidade de confessar por esse canal. Além disso, o conhecimento geral de Bianchi sobre doenças psiquiátricas – em conjunto com seu conhecimento anterior sobre outros casos de personalidades múltiplas – pode ter dado a ele a base para responder de modo mais verídico sob hipnose (isto é, no momento em que o examinador sugeriu a Bianchi que ele poderia revelar outro aspecto de si mesmo).

Por causa de sua natureza dramática, o chamado "transtorno de múltiplas personalidades" tem sido objeto de muito interesse por parte da mídia e surgiram diversos livros descrevendo casos individuais. *As três máscaras de Eva* e (mais recentemente) *As duas faces de um crime* são exemplos de filmes de sucesso baseados nesse transtorno raro. Em *As duas faces de um crime*, um homem acusado de assassinato finge com sucesso ter um transtorno de múltiplas personalidades e é absolvido de um crime pelo qual na verdade era responsável.

Na vida diária, parece mesmo que a perda da memória pode às vezes ser exagerada ou "fingida", e perceber esse exagero continua a ser um desafio dentro do contexto médico-legal. Por exagerar ou "fingir mal", nos referimos ao indivíduo que demonstra de modo consciente um nível mais baixo do que poderia desempenhar se tentasse dar o melhor de si. De modo menos controverso, esse fenômeno tem sido mencionado como a manifestação de um esforço menor (ou reduzido) – um termo mais objetivo e menos emotivo do que fingir. A manifestação do esforço reduzido pode ser mediada de maneira consciente (por exemplo, para obter ganhos financeiros ou para chamar a atenção dos cuidadores) ou a motivação pode estar em um nível inconsciente mais profundo. Seja qual for a fonte da motivação para "fingir", felizmente há técnicas confiáveis que permitem distinguir os indivíduos com e sem um distúrbio de memória objetivo daqueles que estão exagerando.

Capítulo 6

As sete idades do ser humano

O desenvolvimento da memória

De acordo com a distinção entre aquisição, retenção e evocação citada no Capítulo 1, o desenvolvimento da memória pode ser entendido como o surgimento gradual de estratégias mais complexas de aquisição e evocação de memórias (sendo que os processos de retenção permanecem relativamente constantes ao longo do desenvolvimento). Isso acontece em especial quando o conhecimento semântico aumenta e a linguagem se torna disponível. Há evidências de que um maior conhecimento semântico melhora o modo como a informação armazenada na memória permanente pode ser acessada, e que a aquisição da linguagem permite que as crianças codifiquem materiais de modo mais rico no que diz respeito aos rótulos verbais – e que usem esses rótulos como dicas para a recuperação das informações. Também há evidências de que o desenvolvimento de outras habilidades cognitivas pode influenciar de maneira positiva a capacidade da memória; por exemplo, o desenvolvimento das habilidades de resolução de problemas e de elaboração de hipóteses pode ser relevante para determinar se a informação evocada é verídica.

No que diz respeito à capacidade da memória explícita, há provas do aparecimento gradual da capacidade completa – tanto que até bebês muito novos podem reconhecer de memória (por exemplo, o rosto de seu cuidador), enquanto a habilidade rudimentar de evocar parece estar presente por volta dos cinco meses de idade. Atualmente, há muitas evidências indicando que mesmo crianças pré-linguísticas podem manifestar uma memória duradoura e específica. Essas descobertas foram feitas com o uso de técnicas que não envolvem a linguagem, como comparação, habituação, condicionamento e imitação – junto a técnicas adaptadas de estudos com não humanos (como *delayed response*, ou resposta tardia, e *delayed non-matching to sample*, ou resposta tardia não correspondente à amostra). Pesquisadores como Rovee-Collier defendem que os mecanismos por trás dos processos da memória são os mesmos em adultos e crianças: as informações são gradualmente esquecidas, recuperadas por meio de lembretes e modificadas por novas informações que se sobrepõem às informações anteriores. No entanto, conforme as crianças amadurecem, as lembranças passam a ser evocadas mais rapidamente e após intervalos cada vez maiores, e por meio de uma maior variedade de dicas.

Estudos indicam que a memória implícita (ou memória sem consciência; veja o Capítulo 2) pode estar completa já em crianças de três anos de idade (por exemplo, a aprendizagem perceptual e o *priming* verbal). É importante notar que esse aspecto da memória não parece apresentar melhora tão surpreendente do desenvolvimento, talvez porque seja mediado por regiões do cérebro estabelecidas há muito tempo. Na verdade, existem algumas sugestões de que a memória implícita não melhora muito depois da infância. Por outro lado, parece haver um desenvolvimento progressivo das habilidades da metamemória (isto é, o conhecimento e o controle sobre os processos da memória), tanto que as crianças desenvolvem mais consciência sobre a qualidade de sua memória em determinadas situações e sobre a probabilidade de se lembrarem de certas informações. No entanto, há evidências de que o amadurecimento dessas capacidades acontece um pouco mais tarde (em comparação às capacidades da memória consideradas "centrais": aquisição, retenção e evocação). Isso talvez esteja relacionado ao amadurecimento relativamente lento dos lobos frontais do cérebro durante a adolescência. Como o próprio nome sugere, essa parte do cérebro ocupa a parte da frente do crânio. (Aparentemente, essa região se desenvolveu de maneira desproporcional nos seres humanos em comparação com outras espécies de mamíferos.) Falaremos sobre ela mais adiante, no final deste capítulo, no contexto do envelhecimento.

Ainda há muito o que responder sobre o que está por trás do desenvolvimento da memória. Entretanto, não há dúvidas de que o volume de conhecimento de uma criança e outras habilidades que podem influenciar a memória (como as habilidades linguísticas e visuoespaciais) são muito importantes. No entanto, é possível que o amadurecimento neural do cérebro e outros fatores biológicos também tenham influência considerável. Outro aspecto significativo da memória infantil, e ainda bastante enigmático, é a ocorrência da "amnésia infantil" – na qual a maioria das pessoas não consegue evocar informações confiáveis referentes ao período anterior aos quatro anos de idade. Ainda não está claro se esse fenômeno é causado por i) fenômenos biológicos, ii) mudanças no estado mental ou em sua configuração entre o começo da infância e o final da vida (o que – como explicamos no Capítulo 3 – pode impedir que recordemos informações de maneira confiável) ou iii) uma combinação desses processos. Uma das hipóteses é a de que as memórias das primeiras experiências anteriores aos quatro anos de idade existam, mas que estejam armazenadas em um formato neural e/ou psicológico que não permite que os indivíduos tenham acesso a elas na forma de memórias de experiências específicas.

Um exemplo clássico de amnésia infantil e da sedução das "memórias" da infância foi apresentado pelo conhecido psicólogo do desenvolvimento, o suíço Jean Piaget, que escreveu: "Uma das minhas primeiras memórias remonta, se for verdadeira, ao meu segundo ano de vida. Eu ainda consigo ver, de maneira muito clara, a seguinte cena, na qual acreditei até os quinze anos de idade. Estava sentado no meu carrinho, que era empurrado pela minha babá na Champs Élysées, quando um homem tentou me sequestrar. Fiquei preso pelo cinto que me segurava ao carrinho enquanto minha corajosa babá tentava ficar entre mim e o ladrão. Ela ficou com vários arranhões e ainda consigo ver vagamente alguns deles em seu rosto. Uma multidão se formou, um policial com uma capa curta e um cassetete branco apareceu e o homem fugiu.

Ainda consigo visualizar toda a cena e até consigo ver que ela aconteceu perto da estação de metrô. Quando eu tinha cerca de quinze anos, meus pais receberam uma carta da minha antiga babá dizendo que ela tinha se convertido ao exército da salvação. Ela queria confessar seus erros do passado e principalmente devolver o relógio que havia ganho naquela ocasião. Ela havia inventado toda a história e feito os arranhões. Portanto, devo ter ouvido – quando criança – o relato dessa história, na qual meus pais acreditaram, e projetado-a no passado na forma de uma memória visual".

Assim como aconteceu com Piaget, outras crianças e adultos conseguem se lembrar de eventos da infância razoavelmente bem, mas têm problemas em determinar sua origem por causa da relativa fragilidade da memória contextual

17. Em termos gerais, crianças mais velhas e adultos são capazes de lembrar de eventos da primeira infância relativamente bem, mas têm problemas em determinar sua origem por causa da fragilidade da memória infantil para o contexto. Aparentemente, Piaget "lembrava" de uma tentativa de sequestro que teria acontecido quando passeava de carrinho pelo Champs Élysées – apesar de saber, racionalmente, que aquilo nunca acontecera de verdade.

das crianças. Sendo assim, Piaget se "lembra" do evento da forma como foi narrado pela babá (dizendo: "Eu ainda consigo ver, de maneira muito clara, a seguinte cena..."), mas ao mesmo tempo, não reconhece totalmente (enquanto adolescente) que a babá era a fonte de sua versão do acontecimento – que, na verdade, nunca aconteceu. Além disso, pode ser muito difícil localizar as primeiras lembranças porque elas não foram evocadas (e recodificadas) muitas vezes – e por isso não podem ser ligadas de maneira confiável a momentos e lugares específicos. Como dito anteriormente, a mudança de contexto (veja o Capítulo 3) entre o momento da aquisição e o da evocação pode ser especialmente relevante quando adultos tentam recuperar eventos que foram armazenados durante a infância. Essas possibilidades não são excludentes entre si, mas são difíceis de investigar de modo sistemático e científico.

Como vimos no Capítulo 4, todos estamos sujeitos a distorções da memória. Porém, isso pode acontecer principalmente quando pensamos em eventos da nossa infância, por causa das dificuldades em especificar uma fonte ou um contexto em particular. Isso tem implicações importantes quando levamos em consideração questões como o testemunho ocular; a maior parte das evidências demonstra que crianças são capazes de dar testemunhos precisos sobre eventos pessoalmente relevantes. No entanto, a literatura mostra que, assim como acontece com os adultos, a memória de uma criança também pode ser influenciada negativamente por falsas sugestões – talvez até mais do que a de um adulto.

Memória e envelhecimento

Uma questão que interessa a todos está relacionada à capacidade de nossa memória quando envelhecemos. Todos experimentamos lapsos de memória, falhas e erros, mas entre os idosos há a tendência de atribuir isso automaticamente ao envelhecimento, em vez de a uma variação individual normal (sendo que o envelhecimento nada mais é do que um fator incidental). Esse ponto importante foi percebido há séculos pelo conhecido e mordaz acadêmico Samuel Johnson quando escreveu:

> Há uma inclinação perversa na maioria das pessoas de supor que o intelecto de um homem velho declina. Se um homem jovem ou de meia-idade, ao deixar o trabalho, não se lembra de onde deixou seu chapéu, não é nada; mas se a mesma falta de atenção é descoberta em um homem velho, as pessoas irão dar de ombros e dizer: "Sua memória está indo embora".

Dado o aumento progressivo da média de idade da população que ocorre hoje (e, ao que tudo indica, continuará a ocorrer) na maioria dos países, é importante identificar quais (se existem) mudanças na memória estruturada conforme o modelo científico podem ser atribuídas ao envelhecimento. No entanto, há algumas questões metodológicas significativas que precisam ser levadas em consideração neste campo. Por exemplo, se comparamos hoje a memória de pessoas de vinte anos de idade com a das de setenta, há uma série de fatores que poderiam explicar as diferenças no desempenho da memória entre esses dois grupos de indivíduos – além do fato de que o grupo mais jovem é cinquenta anos mais novo. Por exemplo, é provável que a educação e os cuidados com a saúde que as pessoas que hoje têm setenta anos receberam ao longo da vida tenham sido bastante inferiores aos recebidos pelas de vinte. Esses fatores exógenos – ou enganosos – podem distorcer o resultado de estudos sobre o efeito do envelhecimento na memória se quisermos comparar a capacidade de memória de pessoas com vinte e com setenta anos.

Tal comparação é um exemplo de experimento *transversal*. Em oposição, há o estudo *longitudinal*, cujo objetivo é seguir a mesma pessoa ao longo da vida entre os vinte e os setenta anos, para analisar que mudanças ocorrem na memória *do mesmo indivíduo* ao envelhecer. O método longitudinal apresenta vantagens, já que comparamos as mudanças ocorridas na memória de uma mesma pessoa. No entanto, percebe-se que pessoas com alto funcionamento – ou seja, indivíduos com a memória e outras funções cognitivas mais bem preservadas – tendem a permanecer nos estudos longitudinais em um número maior e desproporcional. (Às vezes, essas pessoas são chamadas de *supercontroles* ou *supernormais*.) Em outras palavras, as pessoas que recebem comentários positivos (em relação à sua capacidade funcional relativamente bem preservada) na participação de um estudo longitudinal costumam continuar a participar, enquanto as pessoas com dificuldades desistem. Isso pode resultar em uma impressão positiva artificial sobre os efeitos do envelhecimento. O outro problema é – claro – encontrar alguém (ou, mais provável, um grupo de pessoas) que estará cientificamente ativo por tempo suficiente para que uma pesquisa longitudinal seja conduzida e para analisar os dados ao longo de cinquenta anos! Em suma, tanto o método transversal quanto o longitudinal têm defeitos e qualidades relativos.

Estudo longitudinal

Indivíduos a ... m (20 anos)	Indivíduos a ... m (50 anos)	Indivíduos a ... m (70 anos)
Tempo 1	2	3

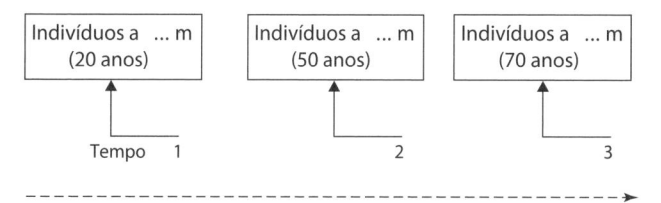

Estudo transversal

Indivíduos a ... m (20 anos)	versus	Indivíduos n ... z (70 anos)

18. Em um estudo *longitudinal*, acompanhamos a mesma pessoa ao longo de sua vida, desde os vinte anos até os setenta; já a comparação concomitante entre a memória de quem tem vinte anos e a de quem tem setenta é um exemplo de experimento *transversal*. Cada uma dessas abordagens tem vantagens e desvantagens.

Ao analisar os resultados tanto dos estudos transversais quanto dos longitudinais, algumas descobertas coerentes emergiram dessas pesquisas sobre envelhecimento e memória. É importante notar que há paralelos entre o perfil da capacidade de memória manifestada por crianças e por idosos.

A *memória de curto prazo* parece permanecer bem preservada nos indivíduos idosos, apesar de que tarefas com mais elementos da memória de trabalho são muitas vezes afetadas de maneira negativa pelo envelhecimento (consulte o Capítulo 2 para essa distinção). Então, quando há mais trabalho cognitivo envolvido (o que é diferente do armazenamento de curto prazo mais passivo), os déficits podem ficar aparentes. Por exemplo, é mais provável que as dificuldades ligadas à idade apareçam quando as pessoas forem solicitadas a repetir uma sequência de números de trás para frente do que uma sequência de números na ordem habitual.

O desempenho das tarefas da *memória explícita de longo prazo* (isto é, a memória com consciência da experiência de memória; veja o Capítulo 2) normalmente declina de maneira significativa, em especial nos testes de recordação livre, apesar do reconhecimento se manter bem com a idade. Contudo, o reconhecimento parece mudar de modo qualitativo – aparentemente passa a basear-se mais na familiaridade. Então, quando o reconhecimento exige a memória contextual (componente mais ligado à recordação da memória de reconhecimento que analisamos anteriormente; veja o Capítulo 3), surgem déficits com a idade. Isso significa que pessoas mais velhas (assim como as crianças; veja o começo deste capítulo) são mais suscetíveis a sugestões e influências em sua memória. Isso poderia ter consequências importantes no contexto do mundo real; por exemplo, quando pessoas mais velhas estão usando sua memória para tomar decisões importantes sobre assuntos como suas finanças.

A *memória implícita* (isto é, a memória sem consciência, normalmente testada de maneira indireta por meio de mudanças no comportamento e não pela recordação da experiência da memória) parece declinar pouco com a idade. Um estudo intrigante de datilografia conduzido por Hill (1957) ratifica essa conclusão. Nele, era preciso aprender a datilografar um trecho de texto aos 30 anos e testar a si mesmo aos 55 e aos 80 anos de idade! Apesar de a memória implícita amadurecer relativamente cedo em crianças, parece se manter bem em idades mais avançadas.

Há pouca influência do envelhecimento sobre a memória semântica. Na verdade, essa capacidade parece melhorar ao longo da vida. Por exemplo, o vocabulário e o conhecimento geral das pessoas normalmente melhoram com a idade (apesar de poderem enfrentar grandes dificuldades para acessar as informações relevantes, como em relação ao fenômeno da ponta da língua que analisamos nos Capítulos 2, 3 e 4). Foi sugerido que o acúmulo de informações na memória semântica ao longo da vida poderia explicar por que certas profissões, cujas exigências parecem colaborar de maneira significativa para o conhecimento semântico, são ocupadas predominantemente por pessoas mais velhas (juízes de alta instância, escritores, dirigentes de empresas, almirantes, professores universitários, generais).

Há evidências de que a perda da memória relacionada à idade surge em parte como consequência da degeneração gradativa dos lobos frontais do cérebro que mediam os aspectos estratégicos e organizacionais da memória. Como já mencionado neste capítulo, esta parte do cérebro parece ter se desenvolvido de maneira desproporcional nos seres humanos em comparação com outras espécies. Como vimos, o surgimento da metamemória em crianças (isto é, a consciência das capacidades de sua própria memória) também parece estar relacionado com o amadurecimento do lobo frontal e há evidências de que a deterioração da metamemória relacionada à idade esteja associada a disfunções no lobo frontal. A memória prospectiva – ou se lembrar de fazer algo no futuro – é outro aspecto da memória que foi relacionado às funções do cérebro frontal; e, é verdade, existem evidências de que

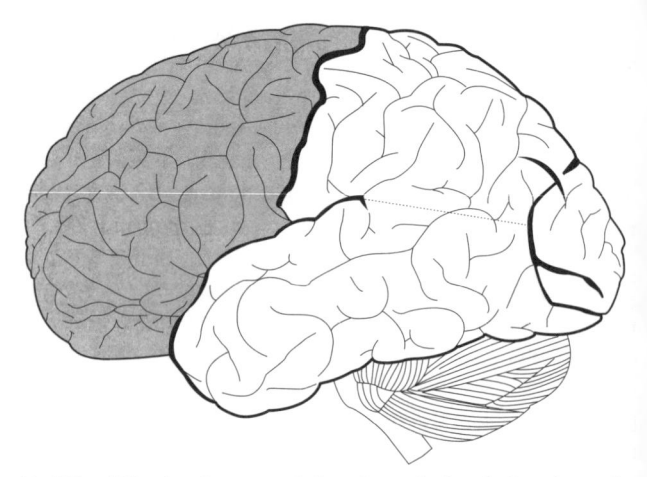

19. Há evidências de que os lobos frontais do cérebro (que são desproporcionalmente grandes nos seres humanos e são mostrados na área cinza à esquerda da ilustração) amadurecem relativamente tarde no desenvolvimento e se deterioram relativamente cedo, influenciando aspectos estratégicos e organizacionais da memória.

essa capacidade é afetada pela idade de modo negativo. A conclusão é que os lobos frontais parecem amadurecer relativamente tarde na vida, mas começam a deteriorar-se relativamente cedo. Em concordância com isso, sugeriu-se que os efeitos das disfunções do lobo frontal na memória podem ser detectados tanto em crianças como em idosos.

Além disso, também há evidências de que a perda da capacidade de memória relacionada à idade pode estar ligada à redução na velocidade do processamento cognitivo conforme envelhecemos. Outras hipóteses sugerem que as mudanças da memória relacionadas à idade são causadas por inibição reduzida, limitações da atenção e/ou redução do apoio contextual ou do ambiente. Assim como na "hipótese do lobo frontal" do envelhecimento, cada um desses relatos tem limitações – mas todos geraram questões interessantes para pesquisa.

Há grande interesse em saber se as mudanças na memória causadas pelo envelhecimento "normal" são necessariamente marcos do declínio progressivo da capacidade do cérebro. Uma categoria chamada de "Comprometimento Cognitivo Leve" (CCL) foi definida como intermediária entre o envelhecimento normal e a demência clínica. Foi proposto que o CCL poderia estar mais relacionado à memória (CCL amnésico) ou poderia envolver vários domínios cognitivos (CCL de múltiplos domínios). Parece que grande parte das pessoas diagnosticadas com CCL passou a sofrer de demência completa alguns anos depois da condição ser identificada, mas algumas pessoas com CCL não progridem para a demência. Devido ao "boom de tempo demográfico", no qual o número de indivíduos idosos aumentou, hoje há um volume considerável de investimentos direcionados à busca de identificar os fatores que influenciam a progressão da CCL para a demência. Evidências recentes indicam que fatores como exercício físico e dieta saudável (em especial, pobre em gorduras saturadas e rica em antioxidantes) não são bons apenas para o corpo, mas também podem ajudar o cérebro a funcionar bem durante a terceira idade.

Além disso, os exercícios mentais (como palavras-cruzadas, xadrez e aprender novas habilidades, tais como lidar com computadores) podem ser úteis para manter a capacidade neurológica e psicológica. E mais: resultados de pesquisas indicam que o cérebro mantém um grau de capacidade de crescimento e regeneração ao longo da vida que pode ser induzido por meio de atividades e exercícios de estimulação mental. Isso é uma conclusão especialmente importante que tem relação com a melhoria do ambiente em que os idosos vivem (por exemplo, aqueles que são internados em casas de repouso devido à fragilidade física ou dificuldades cognitivas). O hipocampo (parte do cérebro que parece ter participação central na consolidação da memória, em especial em relação à memória episódica – veja os Capítulos 2 e 5) pode ser sensível à regeneração neural e/ou ao aumento da conectividade depois de estímulos e exercícios mentais.

Quanto aos distúrbios clínicos relacionados à idade, as disfunções da memória normalmente são um sinal inicial de demência. Em particular, déficits na memória episódica e no funcionamento do hipocampo caracterizam os primeiros estágios de uma das formas de demência mais comuns, a demência senil do tipo Alzheimer. Os distúrbios da memória episódica podem ocorrer relativamente isolados nos estágios iniciais da doença. Mas, mais tarde, outras capacidades cognitivas podem ser afetadas – como as funções de linguagem, da percepção e executivas. Também foi sugerido que o sistema executivo central da memória de trabalho (veja o Capítulo 2) pode ser afetado de diversas maneiras no mal de Alzheimer. Diferentemente das pessoas que sofrem de formas de amnésia mais seletivas (veja o Capítulo 5), os

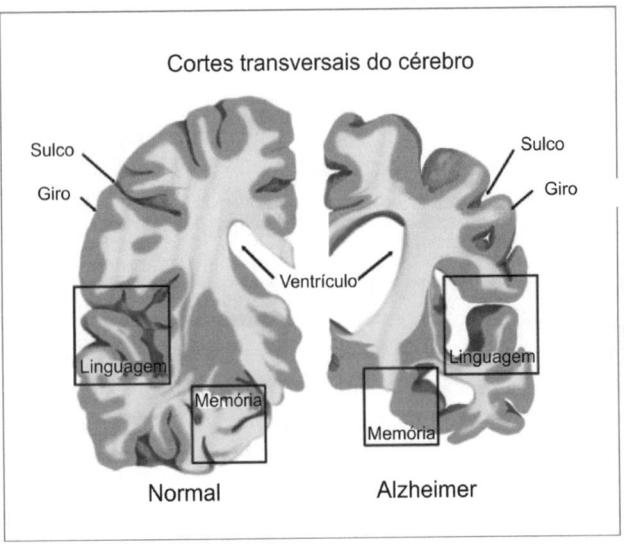

20. Esta ilustração mostra o encolhimento do cérebro de uma pessoa com mal de Alzheimer (direita) comparado com o cérebro de uma pessoa idosa saudável (esquerda). As partes do cérebro que auxiliam a memória episódica são afetadas no começo desta doença.

portadores de Alzheimer podem apresentar distúrbios tanto em testes de memória implícita quanto nos de explícita, especialmente nos estágios mais avançados da doença – refletindo a progressão da lesão cerebral nessa doença devastadora. Outra forma de doença neurodegenerativa foi chamada de demência semântica. Ao contrário do mal de Alzheimer, esse tipo de demência envolve o colapso profundo da memória semântica (veja o Capítulo 2), a ponto de a pessoa perder a habilidade de reconhecer objetos familiares como xícaras, mesas ou carros.

Atualmente, os tratamentos com remédios disponíveis para demência são sintomáticos e tratam apenas os efeitos da doença (como a diminuição na neurotransmissão no cérebro), e não suas causas fundamentais. Além disso, os tratamentos atuais não são capazes de prever a inevitável progressão de uma doença neurodegenerativa como o mal de Alzheimer. Isso pode mudar no futuro, por meio de técnicas como as terapias com células-tronco ou próteses cerebrais. Além disso, as técnicas de reabilitação cerebral são eficientes na maximização da capacidade de memória disponível nas pessoas com doenças neurodegenerativas – ajudando a aumentar a autoestima e a melhorar o estado emocional, assim como as capacidades funcionais (veja o Capítulo 7).

Com a crescente disponibilidade de testes e possíveis tratamentos, há maior interesse no desenvolvimento de técnicas para medir a memória e a cognição que sejam sensíveis e específicas ao CCL e à demência. Se o declínio cognitivo for identificado cedo o suficiente, há grandes chances de tratar de modo eficiente um processo degenerativo, ou pelo menos de amenizá-lo.

Capítulo 7

Como aprimorar a memória

Há muitos seminários, cursos e livros disponíveis no mercado que afirmam serem capazes de melhorar nossa memória de maneira significativa. Este capítulo vai analisar as evidências científicas objetivas e estabelecidas de técnicas que podem ou não melhorar a eficiência funcional da nossa memória. Daremos atenção a técnicas como os recursos mnemônicos que podem melhorar a eficiência do "software" da memória, mas também faremos referência à possível manipulação do "hardware" por trás da memória, que poderá acontecer no futuro por meio de drogas, próteses e/ou implantes neurais na tentativa de corrigir problemas da memória causados por lesões cerebrais. Os mnemonistas (pessoas com habilidades de memória incríveis) também serão analisados neste capítulo – em especial uma pessoa de nome "S". Muitas vezes podemos desejar ter uma "memória perfeita", mas a história de S mostra que ser capaz de esquecer tem suas vantagens.

Você pode aprimorar sua memória?

O "hardware"

Atualmente, nenhum de nós pode aperfeiçoar de maneira confiável o maquinário por trás da memória, ao menos no que diz respeito ao "hardware" biológico envolvido no processo. Em termos científicos, ainda não há maneira confiável de aprimorar sistematicamente os sistemas neurais por trás da memória (apesar de – é claro – ser comparativamente muito mais fácil danificar esses sistemas por meio de lesões na cabeça, álcool e outras formas de abuso físico e químico).

Há evidências de que certos agentes (estimulantes como a nicotina e a cafeína) podem melhorar a memória – muitas vezes aumentando a atenção (e, por consequência, melhorando a codificação de materiais da memória). No entanto, os efeitos estimulantes só são observados de maneira confiável quando estamos cansados ou nosso sistema cognitivo está comprometido. Se nos deixam excitados *demais*, esses estimulantes podem ter consequências contraprodutivas. Há também afirmações de que certas "drogas espertas" e outros agentes neuroquímicos podem melhorar o funcionamento dos componentes neurais por trás da memória. Tais agentes normalmente parecem funcionar por meio do aumento da transmissão química ou comunicação entre as células cerebrais. Mas, de novo, essas substâncias só ajudam pessoas com distúrbios na memória causados, por exemplo, por lesões cerebrais ou doenças (como a demência). Em compensação, a administração de tais agentes químicos em indivíduos saudáveis (nos quais o cérebro parece funcionar mais ou menos em sua capacidade ótima) realmente não leva o desempenho acima desse nível "máximo". Uma analogia relativamente cruel pode ser feita com o motor de um carro: se já há óleo suficiente no cárter para lubrificar o motor, acrescentar mais óleo não vai necessariamente melhorar a eficiência funcional do motor e da transmissão de força.

No futuro, talvez seja possível aperfeiçoar o "hardware natural" por trás da memória: i) por meio de manipulação genética e neural e de técnicas de transplante, e ii) por meio da interação entre hardwares feitos de carbono e de silício. Nas possibilidades acima, i) está relacionada à melhoria considerável do substrato do cérebro, enquanto ii) está relacionada ao uso de próteses artificiais. Já houve tentativas de conduzir ambos os procedimentos em animais de laboratório. No entanto, essas técnicas ainda são polêmicas. No momento, parece que podemos apenas trabalhar com o hardware neural disponível em nossas cabeças, e tentar garantir que o "software" que roda nesses sistemas esteja funcionando bem. Como fazemos isso?

O "software"

Quais são as "melhores atitudes" para lembrar melhor?

Quando Ebbinghaus estava decorando suas sílabas sem sentido, descobriu que havia uma relação direta entre o número de tentativas de aprendizado e a quantidade de informação retida (veja o Capítulo 1). Ele concluiu que a quantidade aprendida era proporcional ao tempo gasto no aprendizado: tudo o mais permanecendo inalterado, ao dobrar a quantidade de tempo gasta no aprendizado, você dobraria a quantidade de informação armazenada. Isso passou a ser conhecido como a *hipótese do tempo total*, que é a relação básica por trás de toda a literatura sobre o aprendizado em seres humanos. Ainda assim, já vimos que diferentes tipos de codificação de memória produzem diferentes níveis de desempenho (Capítulo 2). Além disso, no Capítulo 1 vimos como as técnicas de memória de Ebbinghaus eram de certa forma artificiais. Portanto, além da relação genérica entre a quantidade de prática e a quantidade de lembrança, há outras maneiras pelas quais uma pessoa pode ter um retorno maior do tempo gasto aprendendo:

- O *efeito da distribuição da prática* nos diz que é melhor distribuir as tentativas de aprendizado ao longo de um período de tempo mais extenso do que reunir todas em um bloco único: "pouco e sempre" é o princípio essencial aqui. Por isso, virar a noite antes de uma prova não substitui o estudo sólido e frequente.
- A *aprendizagem sem erros* é uma estratégia flexível na qual um novo item é testado depois de um pequeno intervalo; então, conforme o item se torna mais bem aprendido, o intervalo de prática aumenta gradualmente. O objetivo principal é testar cada item no intervalo mais longo no qual ele pode ser reproduzido de maneira confiável. Isso parece funcionar muito bem como técnica de aprendizado. Uma vantagem adicional da aprendizagem sem erros é que a motivação de quem aprende é mantida, porque a taxa de falha da memória permanece em um nível baixo.
- Lembrar de algo para si mesmo (como recordar como se soletra uma palavra) tende a fortalecer a memória de maneira mais efetiva.
- Focar a atenção no que você está aprendendo é uma abordagem eficiente. Os educadores vitorianos davam muita ênfase à repetição e à memorização: entretanto, a repetição da in-

formação não garante que está se dando atenção ao material (como vimos antes, nada entra na memória de longo prazo a não ser que se preste atenção).

- Codificar a informação tanto verbal quanto visualmente (isto é, criar uma imagem visual de um item verbal) e criar "mapas mentais" são muitas vezes técnicas de aprendizado eficientes. (O autor Tony Buzan escreveu diversos livros e outras publicações que descrevem o uso das técnicas de "mapas mentais". Veja as sugestões de leitura nas páginas 148-149.) O uso de outros tipos de técnicas mnemônicas também pode ser muito eficiente (veja mais adiante neste capítulo).
- O modo como processamos a informação é crucial. As pessoas buscam o significado da informação que estão tentando lembrar e, se não há sentido, tentam dar seu próprio significado ao material (veja o Capítulo 1, quando consideramos a história "A guerra dos fantasmas" de Bartlett). A partir desse fenômeno, uma regra geral é a de que muitas vezes ajuda relacionar o material novo a si mesmo e às suas circunstâncias de modo mais rico e elaborado possível no tempo disponível. E tentar entender a informação que você está estudando, em vez de aprender de maneira passiva, normalmente melhora a memória. (Parece que o processamento do significado conecta mais nosso conhecimento geral, codificando a informação semanticamente de maneira mais rica e, por consequência, melhorando o desempenho da memória.)
- A motivação para aprender é outro fator importante, apesar de que sua influência possa ser indireta (se alguém está muito motivado, isso influenciará a quantidade de tempo gasto prestando atenção no material a ser aprendido – e isso normalmente aumenta a quantidade de aprendizado).
- Há uma relação complexa e mútua entre atenção, interesse, motivação, experiência e memória; então, quanto mais conhecimento você adquire sobre uma área específica, mais interesse terá nela – e seu conhecimento e interesse irão reforçar um ao outro, aumentando sua memória para materiais naquela área. Um exemplo disso é o pesquisador da memória, que acha cada vez mais fácil adquirir e reter novas descobertas na área conforme sua experiência cresce! O mesmo princípio se aplica a muitas classes de pessoas: um gerente comercial pode conseguir assimilar informações sobre novos produtos, construindo seu conhecimento a partir de produtos que já foram vendidos no mercado ao longo das últimas décadas.

Em suma, aperfeiçoar o desempenho da memória exige dedicação, iniciativa e persistência, mas existem técnicas confiáveis que podem nos ajudar. Além disso, aquilo que lembramos depende, em parte, do que estávamos pensando, sentindo e fazendo no momento da experiência original (consulte os efeitos na memória dependentes do estado discutidos no Capítulo 3). Esse conhecimento pode nos permitir desenvolver estratégias que ajudam a modificar o que lembramos.

A seguir, analisaremos da maneira mais detalhada alguns dos fatores mais significativos que influenciam a capacidade de memorizar informações.

A repetição

Uma estratégia inicial adotada por crianças é a repetição do material "em suas cabeças" por muitas vezes seguidas. A simples repetição da informação, sem reflexão adicional sobre o significado ou associações, pode nos ajudar a reter a informação por alguns segundos, mas em geral é um método de aprendizado ruim a longo prazo (veja o Capítulo 2).

Por exemplo, Craik e Watkins pediram que participantes estudassem listas de palavras. Em uma das condições, os participantes eram estimulados a repetir as últimas palavras da listas várias vezes por algum tempo antes de recordar. O teste de memória acontecia logo após a lista ter sido apresentada. Os participantes recordaram as palavras repetidas no teste imediato, mas ao fim do experimento todas as diferentes listas apresentadas foram testadas novamente. No teste final, as palavras que tinham sido repetidas (e lembradas no teste imediato) não foram mais bem lembradas do que as palavras que não foram repetidas pelos participantes. A repetição foi descrita como *repetição de manutenção*. Aparentemente, esse tipo de repetição mantém a informação na memória temporariamente, mas não melhora a memória a longo prazo.

Em contraposição à repetição de manutenção, alguns participantes do estudo de Craik e Watkings usaram a *repe-

tição elaborativa. Em vez de repetir a informação de forma passiva na tentativa de mantê-la disponível, na repetição elaborativa o significado da informação é analisado pelos participantes e seu significado é elaborado. Apesar de os dois tipos de repetição serem capazes de manter a informação disponível por um período curto, descobriu-se que a recordação após um intervalo de tempo é muito melhor quando a informação passou pela repetição elaborativa do que quando foi simplesmente repetida para manutenção. É como se a repetição elaborativa recodificasse a informação que é retida de maneira mais eficiente (reveja o esquema de "níveis de processamento" citado no Capítulo 2).

A prática da recuperação progressiva

Não importa qual seja o tipo de repetição, a recordação da informação que ocorre mais tarde se beneficia da *prática da recuperação* espaçada, que envolve a tentativa de lembrar informações em intervalos espaçados de tempo. O método também é conhecido como *repetição progressiva* ou *recuperação espaçada*. Essa abordagem pode ser vista como uma técnica para maximizar o aprendizado, sendo que o esforço mental é aplicado de maneira otimizada. O princípio dessa técnica é que a memória fica mais fortalecida quando se tenta recordar algo um pouco antes disso se tornar muito difícil de realizar. Esse momento no tempo é, claro, bastante difícil de determinar – tanto que normalmente se fazem estimativas razoáveis. É interessante refletir sobre como esse princípio encaixa-se perfeitamente com o princípio de *aprendizagem sem erros* que será analisado mais adiante neste capítulo.

Os princípios fundamentais da recuperação espaçada são os seguintes. Quando nos deparamos com uma informação pela primeira vez, ela pode ser relativamente frágil em termos de capacidade de memorização. Ao recordar com sucesso a informação correta pouco depois de estudá-la, é provável que nos recordemos dela mais tarde – então podemos esperar um tempo mais longo antes da próxima tentativa de recuperação. A cada tentativa bem-sucedida, o espaço de tempo entre cada tentativa de recuperação pode aumentar e ainda assim levar a outras experiências bem-sucedidas.

A eficiência de um cronograma de progressão para a prática de recuperação foi demonstrado por Landauer e Bjork. Os pesquisadores leram nomes e sobrenomes fictícios para os participantes, que mais tarde eram solicitados a recordar os sobrenomes quando os primeiros nomes eram mostrados a eles. Os testes foram programados para explorar uma série de cenários, incluindo o teste de um *cronograma progressivo* – no qual os testes de memória eram primeiro introduzidos após um pequeno intervalo de tempo, depois o intervalo aumentava gradativamente. Para o cronograma progressivo, o primeiro teste (por exemplo, do nome *Jack Davies*) aconteceu imediatamente. O segundo teste aconteceu após a apresentação de três outros itens (por exemplo, *Jack Davies*, então *Jim Taylor*, *Bob Cooper* e *John Arnold*, seguidos do teste com a palavra Jack _____?), e então o terceiro teste acontecia após a apresentação de dez outros itens. Nesse estudo, Landauer e Bjork descobriram que qualquer prática de recuperação era benéfica (em condições controladas e sem experiência anterior), mas o maior benefício foi observado em relação ao cronograma progressivo, que produziu cerca de duas vezes mais recordações em comparação ao itens que não foram praticados.

A prática de recuperação progressiva é uma estratégia excelente para estudantes. Ela não exige muito em termos de esforço e criatividade, mas ainda assim pode ser aplicada praticamente a qualquer material.

Os benefícios do estudo espaçado

Um conceito próximo a esse relaciona-se com as vantagens do estudo espaçado. Pode ser natural se dedicar de maneira intensa à tentativa de aprender novas informações, mas essa estratégia se mostrou equivocada diversas vezes. Os benefícios das experiências com o estudo espaçado foram observados por Ebbinghaus (veja o Capítulo 1), que descobriu que distribuir suas sessões de estudo ao longo de aproximadamente três dias diminui pela metade a quantidade de tempo necessária para recordar as listas de sílabas sem sentido. Na verdade, duas apresentações espaçadas do material a ser aprendido costumam ser duas vezes mais eficientes do que duas apresentações na sequência.

Bahrick e Phelps demonstraram a solidez dos efeitos do estudo espaçado. Eles compararam o desempenho de participantes que haviam estudado um vocabulário de espanhol duas vezes testando-os oito anos após as sessões de aprendizado. Um grupo havia estudado o vocabulário em duas sessões com um intervalo de trinta dias entre elas, enquanto o outro grupo havia feito as duas sessões no mesmo dia. Oito anos mais tarde, os participantes que haviam feito as sessões com trinta dias de intervalo demonstraram um desempenho de memória 250% maior do que os que haviam estudado as duas vezes no mesmo dia!

Significado e memória

O significado tem grande influência na memória, como vimos no Capítulo 1 e em outras partes do livro. Ebbinghaus defendia que para descobrir os princípios fundamentais da memória era preciso estudar o aprendizado de materiais simples e construídos de maneira sistemática. Mesmo que Ebbinghaus tenha passado a maior parte do tempo estudando sílabas sem sentido, ainda assim ele reconheceu que o aprendizado e a retenção de materiais de memória poderiam ser influenciados por seu significado.

Como vimos no Capítulo 1, Ebbinghaus criou sílabas colocando em sequência uma consoante, uma vogal e outra consoante. Alguns desses conjuntos de consoante-vogal-consoante correspondiam a palavras curtas ou partes de palavras com significado, mas a maioria deles era sílabas relativamente sem sentido. Ebbinghaus fez listas com essas sílabas e as estudou em ordem – precisando de muitas tentativas para aprendê-las perfeitamente. Em contraposição ao aprendizado lento dessas sílabas, a aquisição de materiais com significado, tais como a poesia, acontecia de maneira muito mais rápida para ele.

Outra demonstração da importância do significado para a recordação de materiais muito diferentes foi fornecida por pesquisas recentes conduzidas por Bower e colaboradores sobre a memória de *droodles* (desenhos de figuras sem sentido feitos com linhas). Alguns participantes receberam um significado para cada *droodle* (por exemplo, um elefante andando de monociclo). Bower percebeu que os indivíduos que receberam um significado foram capazes de esboçar os desenhos muito melhor (70% de acerto) do que os participantes que não receberam esses significados (51% de acertos).

Ajudas externas

Hoje também temos acesso a diversos recursos de memória artificial *externa*, como computadores, PDAs, tele-

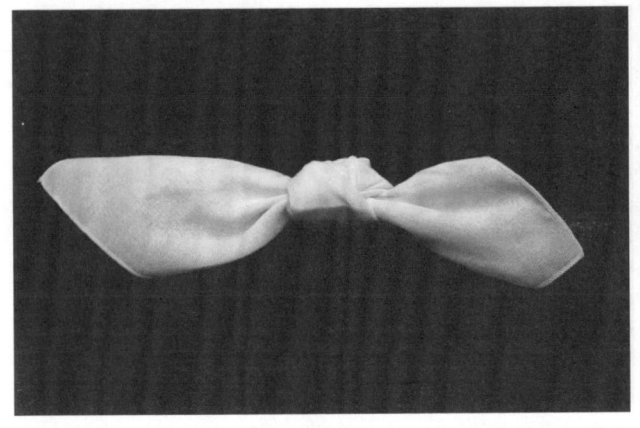

21. Talvez o exemplo mais antigo de um recurso de memória externa seja o nó em um lenço. Esse recurso mnemônico não fornece uma informação específica, mas nos diz que precisamos fazer uma busca em nosso sistema de memória para recordar algo importante.

fones celulares, gravadores de voz, diários, minutas, relatórios empresariais, anotações de aula e assim por diante. Talvez o exemplo mais antigo de um recurso de memória externa seja o nó em um lenço, que não fornece uma informação em si, mas nos diz que precisamos fazer uma busca em nosso sistema de memória para recordar uma informação importante.

Os recursos de memória externa do século XXI são sofisticados e podem funcionar muito bem – até o momento em que não os temos conosco (por exemplo, durante provas na escola ou na faculdade). Se quisermos melhorar a nossa memória sem depender de recursos artificiais externos (além de aplicar os princípios descritos no começo deste capítulo), podemos seguir o exemplo de pessoas com chamadas "memórias excepcionais", que muitas vezes usam técnicas específicas chamadas de "mnemônicas".

Recursos mnemônicos

Um recurso – ou técnica – mnemônico é uma forma de organizar a informação de maneira a torná-la mais fácil de lembrar – normalmente por meio de códigos, imagens ou rimas (às vezes combinados). Dois métodos conhecidos são o "método dos locais" e o "sistema de palavras *peg*".

O método dos locais

Este é o recurso mnemônico mais antigo, ensinado desde a Antiguidade até os dias de hoje. A técnica envolve o conhecimento de uma série de lugares que são familiares porém distintos – os estudantes podem usar lugares ao redor da escola ou da universidade. O primeiro item a ser lembrado é imaginado (por meio de uma imagem mental) no primeiro desses lugares, o segundo item é imaginado no segundo lugar, e assim por diante. A recordação dessas informações exige a visitação mental dos lugares e experimentar novamente cada uma das imagens que foram criadas anteriormente. Pesquisas demonstraram que a técnica é extremamente eficiente, mas seu uso pode ser limitado pela falta de lugares e materiais adequados com os quais seja possível criar as imagens.

Dizem que a técnica surgiu por volta de 500 a.C., quando o poeta grego Simônides participava de uma celebração. Logo após proferir um discurso, ele foi chamado e teve de sair. Isso foi um golpe de sorte, pois, assim que saiu, o chão do salão desmoronou e vários convidados do banquete morreram ou se feriram. Conta-se que a maioria dos corpos da tragédia ficou irreconhecível – o que tornou impossível a identificação para que os parentes pudessem lhes dar um enterro adequado. No entanto, Simônides achou que podia lembrar onde a maioria dos convidados estava sentada no momento em que se retirou, o que facilitou o reconhecimento dos indivíduos importantes.

A partir de sua experiência, dizem que Simônides criou uma técnica mnemônica genérica. O método consistia em visualizar de maneira muito detalhada um recinto ou edifício, e então imaginar diversos objetos ou informações a serem lembrados colocados em lugares específicos. Sempre que Simônides precisava lembrar quais eram os itens, imaginava-se caminhando pelo recinto ou edifício e "escolhendo-os", ou seja, recolhendo informações específicas. Esse sistema de memorização se tornou popular entre os oradores clássicos, como Cícero, que precisavam lembrar de sequências de texto muito longas para seus discursos. Ele ainda é usado hoje (por exemplo, por pessoas que fazem discursos em casamentos – quando muitas vezes é importante lembrar de uma sequência de itens em uma determinada ordem). Essa técnica parece funcionar bem com palavras concretas, como nomes de objetos, que podem ser "colocados" em um lugar específico. Mas também pode funcionar com palavras abstratas, como "verdade", "esperança" e assim por diante – desde que a pessoa seja capaz de gerar uma imagem representativa do conceito abstrato e de posicioná-la de maneira apropriada.

22. O "método dos locais" é uma técnica mnemônica originária da Grécia Antiga. O método consiste em visualizar um recinto ou edifício de maneira muito detalhada e então imaginar diversos objetos ou informações a serem lembrados posicionados em locais específicos dentro desse recinto ou edifício.

O sistema de palavras *peg*

Desde então, o método dos lugares foi transformado em um sistema mais flexível que tem como base as palavras *peg*, usando recursos mnemônicos fonéticos para construir as tais palavras: "Um é atum, dois é arroz, três é chinês, quatro é teatro, cinco é cinto, seis é francês, sete é confete, oito é biscoito, nove é neve, dez é convés". Digamos que você precise lembrar de uma lista de compras, e a primeira palavra em sua lista é "cartão de aniversário". Ao usar as palavras *peg*, você liga isso à imagem associada ao número 1, atum. Então você pode criar uma imagem de um peixe sobre um cartão de aniversário. Se o segundo item for "suco de laranja", você pode imaginar o suco de laranja sendo derramado sobre uma porção de arroz – em termos gerais, quanto mais bizarra a imagem, melhor parece a técnica funcionar. Além disso, esse método é útil quando alguém precisa lembrar de coisas em uma sequência específica (como uma série de nomes de estradas que formam uma rota).

Assim como no método dos lugares, essa técnica pode ser usada para diversos materiais que precisem ser lembrados – basta ligar cada item da sequência a cada uma das palavras *peg*, criando uma associação sugestiva e memorável. A *técnica mnemônica de palavras peg* permite um uso mais flexível da visualização mnemônica do que o método dos lugares e pode ser extremamente eficiente. Na verdade, elas formam a base da maioria das técnicas profissionais de aperfeiçoamento da memória. As palavras *peg* fornecem dicas de memória que podem ser facilmente acessadas, enquanto o uso de imagens liga a dica e o item a ser lembrado por meio de fortes associações visuoespaciais.

Assim, nesta técnica, as palavras *peg* que são facilmente imaginadas substituem os locais do método dos lugares. Apesar de a técnica continuar a se basear em imagens, ao usar a técnica de palavras *peg* podemos aprender palavras que representem cada um dos números de um a cem. A técnica é desenhada de modo que as palavras *peg* sejam de aprendizado fácil – porque estão construídas de acordo com regras simples de rima que permitem que os números sejam fortemente associados às palavras.

Há outras técnicas mnemônicas visuais que usam as palavras *peg*. Morris, Jones e Hampson avaliaram uma técnica recomendada por diversos indivíduos que tinham incríveis capacidades de memória. Para lembrar de um nome, ele primeiro precisa ser convertido em uma palavra *peg* que seja fácil de imaginar. Por exemplo, o nome Joaquim poderia ser transformado em "jardim". Poderia se imaginar o jardim crescendo em alguma parte proeminente do rosto da pessoa para ligar a palavra *peg* (a palavra "jardim") ao item a ser lembrado (o nome da pessoa). De acordo com este método, a dica "jardim" poderia ser decifrada como "Joaquim" para produzir o nome correto quando o rosto da pessoa fosse apresentado. Morris, Jones e Hampson descobriram que esse recurso mnemônico produzia uma melhora de cerca de 80% na aprendizagem de nomes.

Técnicas similares foram levadas ao aprendizado de línguas, como o *método Linkword* (desenvolvido de maneira extensa por Gruneberg). De acordo com ele, palavras em língua estrangeira são convertidas em uma palavra parecida na língua nativa que possa ser facilmente imaginada. Uma imagem mental evocativa é formada para ligar a imagem ao verdadeiro significado da palavra estrangeira. Por exemplo, a palavra francesa para coelho é *lapin* – então, pode-se imaginar um coelho escrevendo com um lápis.

Em um livro recente, Wilding e Valentine descreveram estudos feitos com campeões da memória e outros especialistas, muitos dos quais descobriram por si mesmos o valor das imagens mentais como técnica de aperfeiçoamento da memória. O uso de imagens não é essencial para o aprimoramento da memória, mas representa um método poderoso por meio do qual materiais que praticamente não têm significado e não estão ligados entre si podem se tornar mais significativos e conectados – e, portanto, mais fáceis de lembrar.

Recursos mnemônicos verbais

Apesar de as técnicas mnemônicas clássicas se basearem principalmente em imagens (como no método dos lugares), recentemente desenvolveram-se técnicas mnemônicas verbais. Por exemplo, uma maneira simples de ligar as palavras de uma lista é por meio de uma história. Pesquisas mostraram que pedir para que as pessoas criem uma história que una as palavras de uma lista entre si facilita a recordação dessas palavras. Além disso, muitos estudantes têm familiaridade com rimas como "Minha terra tem palmeiras/ onde canta o sabiá / Seno A cosseno B/ seno B cosseno A", nas quais o ritmo e a rima fornecem estruturas que ajudam a recordar.

Os recursos mnemônicos que usam materiais verbais tendem a cair em uma destas duas categorias: ou eles usam um *código redutor* ou um *código de elaboração*. Um código redutor reduz a quantidade de informação (por exemplo, para lembrar de determinadas regras de trigonometria, meu pai aprendeu na escola a usar a palavra sem sentido SOH-CAHTOA), já o código de elaboração aumenta ou recodifica de maneira significativa a mesma informação (para aprender as mesmas relações trigonométricas, eu aprendi na escola a usar a expressão em inglês *Some Old Horses Chew Apples Heartily Throughout Old Age*). Outro exemplo de um código de elaboração é o recurso mnemônico que utiliza a primeira letra das palavras, como em *Minha Velha, Traga Meu Jantar: Sopa, Uva e Nozes*, que nos ajuda a lembrar os planetas do Sistema Solar na ordem correta (Mercúrio, Vênus, Terra, Marte, Júpiter, Saturno, Urano e Netuno).

Tanto no caso do código redutor quanto no de elaboração, a técnica de codificação produz informações que são mais fáceis de lembrar do que o material original, porque a informação codificada normalmente é mais significativa para o usuário do que a fonte original da informação. Tais técnicas são usadas, por exemplo, para lembrar de datas da História. Ao associar números às letras do alfabeto, se alguém tem dificuldades para lembrar de uma data específica, tal como 1822, o ano da Independência do Brasil, ela poderia ser recodificada como AHBB. Apesar de essa palavra não ter sentido algum, ela poderia ser mais significativa para a pessoa em questão do que o número em si (a partir daí, ela poderia ser usada para criar um acrônimo, como "A História do Brasil Balançou"). Claro que, assim como para qualquer recurso mnemônico, deve-se avaliar o tempo e a energia necessários para criá-lo e aplicá-lo em relação ao valor agregado potencial que ele pode trazer para o ato de lembrar.

Os códigos redutores e de elaboração podem ser usados em conjunto. Por exemplo, quando eu era estudante de medicina, lembrava dos nervos cranianos por meio de um código que primeiro reduzia a primeira letra de cada nervo craniano (O, O, O, T, T, A, F, A, G, V, A, A, H) e depois transformava essas letras por meio de um código de elaboração em uma frase com duplo sentido (e muito fácil de lembrar!). Estou escrevendo este livro quase 25 anos depois, mas ainda consigo lembrar da frase, mesmo que tenha um pouco de dificuldade de convertê-la de volta à informação original (isto é, os nomes dos doze nervos cranianos). Esse exemplo demonstra a durabilidade de alguns recursos mnemônicos, mas também indica um problema potencial: quando o "código mnemônico" se desassocia do material original. Assim, alguns deles funcionam melhor quando a fonte é bem acessível, mas apenas precisa ser estruturada e colocada em sequência de maneira apropriada.

Outras formas de informações bem conhecidas também podem ser usadas para complementar a memória com fatos ou estímulos. Pessoas ligadas à música podem acreditar que, ao associar determinadas palavras a uma melodia conhecida, a memória para essas palavras possa ser aprimorada. Essa técnica tem sido usada por alunos para lembrar de sequências complexas (como vias bioquímicas) e para reter modelos estruturais e conceituais elaborados (como a relação entre as diferentes estruturas neuroanatômicas). Quem é fascinado por números muitas vezes acredita que sequências de dígitos apresentam ricas associações pessoais. As associações podem ser armazenadas na memória de longo prazo, tornando mais fácil o ato de lembrar de longas sequências de dígitos em uma série de "pedaços", em vez dos dígitos de maneira individual (partindo do princípio, é claro, de que a sequência de dígitos a ser lembrada pode ser relacionada aos "pedaços" de números que já estão armazenados na memória de longo prazo). Por exemplo, pessoas interessadas em números ou matemática podem ter na memória que os primeiros quatro dígitos do *pi* são 3,142, e podem usar essa informação para ajudá-las a codificar outros números que precisam ser lembrados.

Lembrando de nomes

Como vimos ao longo deste livro, o significado tem um papel importante na determinação do que podemos lembrar. Veja o caso dos nomes. É comum as pessoas que acreditam ter uma memória ruim reclamarem da dificuldade em lembrar de nomes. Na verdade, as pessoas em geral têm dificuldades em lidar com um nome novo. Quando somos apresentados a alguém, geralmente nossa mente está ocupada com outros assuntos (por exemplo, com uma conversa paralela) e muitas vezes não prestamos atenção ao nome do novo indivíduo. É provável que só usemos ou tentemos lembrar tal nome muito mais tarde, no momento em que normalmente a memória falha. Podemos aprimorar nossa memória para o nome de pessoas prestando muita atenção e repetindo o nome assim que somos apresentados.

Entretanto, há mais por trás do problema de não lembrar dos nomes do que apenas não prestar atenção e só usar o nome da pessoa quando for preciso. Cohen e Faulkner forneceram informações aos participantes sobre pessoas fictícias: seus nomes, lugares de origem, profissões e hobbies. Os participantes lembraram bem de todos os atributos, menos dos nomes. Por quê? Parece que não é apenas porque os nomes são palavras pouco familiares, já que muitos nomes também são substantivos comuns (Machado, Pires, Costa, Santos).

Há pesquisas sistemáticas nas quais as pessoas estudavam o mesmo conjunto de palavras – às vezes as palavras eram apresentadas como nome e outras como profissão. Como o esperado, as mesmas palavras eram mais bem lembradas quando apresentadas como profissões do que como nomes. Por isso, é mais fácil lembrar que alguém é ferreiro do que lembrar que seu nome é sr. Ferreira.

Contudo, os nomes que também são palavras reais têm uma vantagem (em termos da probabilidade de serem lembrados) em relação aos nomes que "não são palavras". A falta de associações significativas (isto é, semânticas) por parte de alguns nomes pode explicar em parte por que eles são mais difíceis de lembrar. Cohen mostrou que palavras com significado apresentadas como nomes (por exemplo, Carvalho) são mais bem lembradas do que os nomes que têm menos significado (como Albuquerque). No século XXI, porém, muitas vezes os nomes são tratados como se não tivessem significado – pense por alguns segundos sobre como às vezes nos surpreendemos quando reconhecemos que eles também são profissões ou objetos (por exemplo, no caso de líderes políticos, como Thatcher e Bush). Mas, de fato, é sabido que prestar atenção ao significado do nome de uma pessoa pode melhorar a nossa memória para ele, especialmente se isso for combinado com a prática de recordá-lo. Além disso, se podemos criar uma associação entre a aparência de alguém e seu nome, então podemos melhorar nossa memória para o nome daquela pessoa – principalmente se conseguirmos formar uma imagem chamativa. Assim, se somos apresentados a alguém chamado João que se parece com um ator que conhecemos e que tem o mesmo nome, ou a alguém chamado Jardim que gosta de flores, poderíamos usar tais associações para melhorar nossa memória para aqueles nomes.

Refletindo sobre o aprendizado

A *metamemória* se refere à compreensão que temos da nossa própria memória. Quão precisos somos ao julgar se aprendemos bem alguma coisa? Essa é uma consideração importante, porque, se pudermos julgar de maneira adequada a qualidade do nosso aprendizado, podemos aplicar esse conhecimento para montar um plano de estudos e gastar mais tempo nos materiais que não aprendemos tão bem. O que indicam as evidências objetivas? Ao que parece, se a avaliação é feita logo após o estudo de um material, não conseguiremos predizer muito bem como será o desempenho da nossa memória mais adiante. Por outro lado, quando a avaliação é feita após certo tempo, poderemos fazer um julgamento melhor. Pesquisas adicionais sugerem que, em algumas situações de aprendizado, é mais provável que as pessoas programem seu tempo de estudo dando ênfase às áreas que sabem bem ou que consideram particularmente interessantes – mas negligenciam as que precisam ser trabalhadas. A descoberta indica que precisamos nos disciplinar a estruturar e distribuir nosso tempo de modo sistemático entre todos os tópicos se quisermos aprender com eficiência.

O homem com a memória perfeita

> Felicidade nada mais é do que ter boa saúde e memória ruim.
>
> Albert Schweitzer

É muito comum o desejo de ter uma "memória perfeita". No entanto, a história a seguir mostra que ser "capaz" de esquecer tem vantagens evidentes. Shereshevskii (ou "S"), cuja história é descrita no livro *The Mind of a Mnemonist*, tinha uma memória realmente notável, que se baseava fortemente no uso de imagens. Ele também manifestava um fenômeno conhecido como *sinestesia*, no qual certos estímulos provocam experiências sensoriais fora do comum. Para alguém com essa condição, ouvir determinado som pode evocar um cheiro específico, ou ver certo número pode evocar uma cor em particular.

S foi descoberto quando era jornalista e seu editor percebeu que ele lembrava de maneira excepcional das instruções que recebia antes de investigar uma história. De fato, S parecia manifestar uma recordação quase perfeita, mesmo de informações pouco importantes. Por mais complexas que fossem as instruções recebidas, ele nunca precisava fazer anotações e era capaz de repetir qualquer coisa que tinha sido dita a ele quase palavra por palavra. S considerava sua habilidade natural, mas seu editor o convenceu a procurar um psicólogo, A.R. Luria, para fazer exames. Luria criou conjuntos de tarefas de memória cada vez mais complexas, incluindo listas com mais de cem dígitos, longas sequências de sílabas sem sentido, poesia em línguas desconhecidas, figuras complexas e fórmulas científicas elaboradas. S não só conseguia repetir tudo perfeitamente, mas também cumpria tarefas como repetir as informações de trás para frente. Ele era capaz de lembrar das informações após muitos anos.

O segredo da memória excepcional de S era que ele criava ricas imagens e outras associações sensoriais sem muito esforço, provavelmente relacionadas à sua sinestesia. Informações difíceis e sem graça para outras pessoas criavam uma experiência sensorial vívida e multimodal para S – não apenas em termos visuais, mas também no que dizia respeito à audição, ao tato e ao olfato. Com isso, ele podia codificar e armazenar qualquer informação de maneira muito rica e elaborada.

Pode-se pensar que seria maravilhoso ter uma memória quase perfeita – assim como a de S. Mas, na verdade, o esquecimento geralmente é bastante adaptativo, já que tendemos a lembrar aquilo que é importante para nós, enquanto o que é menos importante tende a desaparecer. Em termos gerais, nossa memória tende a trabalhar como uma peneira ou um filtro para garantir que não nos lembremos de absolutamente tudo. Como S tendia a lembrar de quase tudo, sua vida virou um inferno. O principal problema era que novas informações (como uma fala corriqueira de outra pessoa) disparavam uma sucessão incontrolável de associações de memória que o distraíam. A certa altura, ele não conseguia sequer manter uma conversa, muito menos trabalhar como jornalista.

Apesar disso, ele se tornou um mnemonista profissional demonstrando suas habilidades extraordinárias no palco – dessa forma usava sua habilidade para sobreviver. Mas tinha muita dificuldade em esquecer algumas das informações abstratas que reproduzia durante as apresentações e sentia que sua memória estava se tornando cada vez mais atravancada com toda sorte de informação inútil de que ele não precisava e que preferiria esquecer.

Conselhos para estudar para uma prova

A memória depende muito da clareza, da regularidade e da ordem dos nossos pensamentos. Alguns reclamam dos defeitos da memória, quando, na verdade, a falha está no julgamento; e outros, sem ser capazes de entender, não retêm nada.

Thomas Fuller

- Escolha um ambiente sem muitas distrações, para que você se concentre na informação-alvo em vez de no que está ao seu redor. (Lembre-se da importância de prestar atenção e de codificar de modo apropriado os materiais para o bom desempenho posterior da memória – como discutido no começo deste capítulo). Há quem acredite que a música pode ajudar a criar um ambiente relaxante adequado ao estudo, embora seja provável que (por razões relacionadas à distração) uma música familiar ajude mais nesse sentido do que uma música nova. Também se pode tentar codificar a informação da maneira mais ativa possível – por exemplo, ao ler um livro, imagine-se fazendo perguntas ao autor. Tente relacionar o que está sendo dito ao que você já sabe.
- Pense sobre as relações entre os diferentes conceitos, fatos e princípios na área que está estudando (isso não apenas vai ajudar quando estiver tentando estudar o material para uma prova, mas muitas vezes também ajuda a responder perguntas feitas durante a própria prova).

- Pense sobre os tópicos que está estudando de modo abrangente e tente imaginar suas aplicações a problemas do seu cotidiano, isto é, a problemas pelos quais você já passou.
- Relacione o novo material a você e a seus interesses da maneira mais rica e elaborada possível. É provável que você se saia muito melhor na hora de reproduzir aquela informação no contexto de uma prova.
- Em relação ao último tópico: tente aprender da maneira mais *ativa* possível, não seja *passivo*. É comum ouvirmos que a melhor maneira de estudar uma matéria é ensiná-la, porque ao explicar a informação a outra pessoa você precisa ser capaz de reproduzi-la – ou seja, você precisa ter compreendido. Em outras palavras, não prossiga no conteúdo assim que reconhecer a resposta correta, mas apenas quando conseguir reproduzir a resposta de forma espontânea e quando for capaz explicar o material de modo compreensível para si mesmo ou para outra pessoa. (Formar grupos de estudo pode ser útil nesse sentido.)
- A organização da informação é útil porque i) ao estruturar o que está sendo aprendido, a recordação de um fragmento de informação pode permitir que se recorde o todo, e porque ii) ao relacionar o material recém-aprendido a algo que faz parte do conhecimento estruturado existente fica mais fácil compreender o novo material.
- A prática também é importante – você não conseguirá escapar completamente dos efeitos da "hipótese do tempo total": (se outras condições não se alterarem) a quantidade de aprendizado depende da quantidade de prática. Isso se aplica tanto ao aprendizado de fatos como de teorias, movimentos de uma sequência de dança ou uma língua estrangeira. No entanto, como vimos neste capítulo, concentrar toda a sua prática em uma maratona de sessões de estudo (como na véspera de uma prova) não é uma forma eficiente de aprender – pouco e sempre é uma estratégia de aprendizagem muito melhor (como o uso de técnicas como a de recuperação espaçada).
- Para um efeito melhor, use os intervalos (por exemplo, quando você está esperando o ônibus e tem um material estudado para lembrar). Tenha um bloco de anotações com você, use seu laptop, PDA ou celular para fazer anotações, para criar

- associações e mapas mentais, e para refrescar sua memória sobre o material a ser lembrado.
- A partir de descobertas científicas, Bransford e seus colaboradores deram grande ênfase aos "processos de transferência e apropriação" ou de "codificação específica" (veja o Capítulo 3). O importante na tarefa de aprendizagem é que ela "transfere" o conhecimento para a situação de prova. Segundo esse ponto de vista, as pessoas deveriam, durante o aprendizado, simular uma situação de prova – a fim de otimizar o desempenho subsequente da memória.
- Ainda relacionado a isso, não estude quando estiver cansado e faça a revisão em um contexto que se pareça o máximo possível, do ponto de vista físico e emocional, com o da prova (por exemplo, sentar em uma mesa ou carteira individual). Você presta mais atenção à informação e codifica os estímulos de maneira mais rica quando está alerta e não quando está cansado.
- Em relação à conformidade do contexto físico e emocional, vimos no Capítulo 3 que a mudança do contexto pode afetar a recordação de modo negativo. Tentar reconstruir mentalmente o contexto no qual se aprendeu uma informação (por exemplo, por meio de visualizações mentais) pode ser útil para melhorar a recordação subsequente.
- Por último, mas não menos importante, pense em usar imagens mentais e técnicas mnemônicas (como as apresentadas neste capítulo) para melhorar sua memória.
- A mensagem geral é a de que a boa memória exige altos níveis de atenção, motivação e organização, e isso, por sua vez, depende do interesse pessoal de cada um.

Considerações finais

A memória tem um papel fundamental em muitos aspectos da nossa existência. Na verdade, sem a memória outras importantes capacidades (como a linguagem, a identificação de objetos familiares ou a manutenção de relações sociais) não seriam possíveis. Depois de ler este livro, deve ficar evidente que a memória representa uma coleção de habilidades e não uma capacidade única (o que se pode inferir pela infeliz tendência de nos referirmos à nossa memória no singular na linguagem cotidiana). Além disso, a memória não é um recipiente passivo e nem uma gravação fiel dos eventos da vida. Ela é um processo *ativo* e *seletivo*, com qualidades e defeitos – que muitas vezes representam diferentes lados da mesma moeda. A memória humana está sujeita a diversos erros, muitos dos quais foram analisados neste livro. Ao mesmo tempo, ela tende a gravar os eventos importantes. Portanto, gostaríamos de resumir as sete seguintes características que definem a memória:

> 1. A memória cumpre um papel na compreensão, no aprendizado, nos relacionamentos sociais e em muitos outros aspectos da vida.
> 2. A memória de um evento passado ou de uma informação é indicada sempre que o evento passado ou informação influenciam os pensamentos, sentimentos ou comportamento de uma pessoa em um momento posterior. (A pessoa não precisa estar consciente de todas as memórias do evento passado e pode nem estar consciente quando ele ocorreu; a intenção de lembrar também é desnecessária.)
> 3. A memória é observada na recordação livre, na recordação com dicas, no reconhecimento, na familiaridade e em outras mudanças comportamentais, como o *priming* e outras ações físicas.
> 4. Ao que parece, a memória está envolvida em mais de um sistema ou tipo de processo, e há evidências de que diferentes tipos de memória podem ser influenciados de maneiras distintas por manipulações e variáveis específicas.
> 5. O difícil em se estudar a memória é que ela precisa ser inferida a partir da observação de comportamentos.
> 6. A memória não é uma cópia fiel de um evento passado – os eventos são construídos pelo indivíduo conforme eles acontecem; o ato de lembrar envolve a reconstrução do evento ou da informação.
> 7. Os psicólogos aumentaram nossa compreensão sobre as muitas variáveis que influenciam a memória, mas ainda há muito o que aprender. Contudo, cada um de nós pode ser um sábio usuário da memória ao adotar estratégias mnemônicas eficientes e direcionar os esforços de forma apropriada para aprender e lembrar melhor das informações.

Leituras complementares

Textos introdutórios

BADDELEY, Alan D. *Essentials of Human Memory*. Londres: Psycology Press, 1999. Escrito por um especialista internacional no assunto, é um resumo sobre a memória repleto de referências, porém bastante acessível ao público geral. Cada capítulo apresenta sugestões de leituras complementares.

BUZAN, Tony. *Use Your Memory*. Londres: BBC Consumer Publishing, 2003. Um dos autores mais populares sobre o assunto, oferece uma síntese de técnicas mnemônicas. O mesmo autor publicou outros textos relacionados ao assunto.

EYSENCK, Michael W. e KEANE, Mark T. *Manual de psicologia cognitiva*. Porto Alegre: Artmed, 2007. Oferece um resumo dos principais processos psicológicos que interagem com, e influenciam, a capacidade de memória – e que também são influenciados pelas características operacionais da memória humana (entre eles, atenção, linguagem, tomada de decisões e raciocínio).

SCHACTER, Daniel L. *Os sete pecados da memória*. Rio de Janeiro: Rocco, 2003. Analisa as vantagens e desvantagens da memória humana de modo lúcido, informativo e divertido.

Textos avançados

EMILIEN, Gérard; DURLACH, Cécile; ANTONIADIS, Elena; LINDEN, Martial van der; e MALOTEAUX, Jean-Marie. *Memory: Neuropsychological, Imaging and Psychopharmacological Perspectives*. Londres: Psychology Press, 2003. Examina os processos biológicos que medeiam e influenciam as funções da memória, como os efeitos de lesões cerebrais e drogas, em conjunto com informações adquiridas a partir de estudos feitos com neuroimagens.

FOSTER, Jonathan K. e JELICIC, Marko. *Memory: Systems, Process or Function?* Oxford: Oxford University Press, 1999. Examina o principal debate sobre como a memória humana deveria ser conceituada em termos teóricos e práticos.

TULVING, Endel e CRAIK, Fergus I. M. (eds). *The Oxford Handbook of Memory*. Oxford: Oxford University Press, 2000. Uma obra-prima que analisa o campo da pesquisa da memória com capítulos individuais escritos pelos cientistas do assunto mais conceituados do mundo.

ÍNDICE REMISSIVO

A

Alzheimer, mal de 123
amnésia 49, 66, 84, 94, 96, 98-104, 106, 107, 113, 122
amnésia associativa

B

Bartlett e a pesquisa sobre memória 7, 16-24, 28, 37, 55, 77, 127

C

codificação 32, 38, 45, 53-55, 65, 67-69, 71, 76, 78, 102, 124, 126, 138
codificação específica, princípio de 58, 67, 68, 146
Comprometimento Cognitivo Leve (CCL) 121, 123
construção/reconstrução e memória 18, 20, 23, 147
contexto, memória dependente do
contexto, recuperação do
córtex cerebral 94, 95

D

demência 48, 121-125
desenvolvimento da memória 111, 113
dicas, recordação com ajuda de 59, 64-66

E

Ebbinghaus e a pesquisa sobre memória 7, 14-17, 19, 21, 24, 28, 125, 126, 131
envelhecimento e memória 118
episódica, memória 10, 46-48, 74, 98, 121, 122
esquecimento 14-17, 32, 64, 70, 71, 72, 143
esquemas 77
estado, memória dependente do
evocação 12, 20, 36, 38, 59, 60, 111, 112, 115
evocação livre 36, 38
explícita, memória 48

F

falsa informação, efeito da 85-87, 89
falsas, memórias 87
familiaridade 23, 58, 61, 62, 65-67, 118, 138, 147
fuga, estado de 107

H

hipocampo 94-96, 98, 99, 102-104, 121, 122, 152

I

implícita, memória 48-51, 103, 112, 118, 119, 122

L

lampejo, memórias em 72
"lembrar" / "saber" (distinção entre)
lobos frontais 112, 119, 120
lombada da reminiscência 72

M

mnemônica 134-136
monitoramento da fonte 82, 84
monitoramento da realidade 81, 82
múltiplas personalidades 108-110

P

priming 49, 65, 66, 112, 147
processamento, níveis de 53-55, 69, 129
processual, memória 48, 98-100

R

reconhecimento 38, 49, 50, 54, 58, 60-67, 78, 80, 83, 85, 86, 118, 134, 147
recuperação 32, 45, 58, 59, 64, 65, 67, 69, 71, 76, 95, 102, 111, 129, 130, 145
retenção 15, 71, 91, 111, 112, 131

S

semântica, memória 10, 46-48, 74, 98, 119, 123
significado e memória 131

T

testemunho ocular 37, 60, 82, 84, 85, 87, 115
transferência, processamento adequado da 55, 69, 146

Lista de ilustrações

1. Moedas © iStockphoto / 11

2. Pássaros em um aviário © Stapleton Collection/ Corbis /13

3. Curva de declínio da memória segundo Ebbinghaus / 17

4. Codificação, armazenamento e recuperação de memórias / 31

5. Modelo modal da memória / 33

6. Componentes da memória de trabalho / 41

7. Madonna © Herbie Knott/ Rex Features / 61

8. O assassinato de John F. Kennedy © 2007 TopFoto / 73

9. Jogo de xadrez © iStockphoto / 75

10. Acidente de carro © Aspix/ Alamy / 87

11. O hipocampo, como visto em imagens do cérebro / 95

12. Amnésia anterógrada e retrógrada / 96

13. Modelo de Squire da memória de longo prazo / 99

14. Desenho espelhado Milner, 1968 / 100

15. Estado de fuga, como mostrado no filme *Suspeita* © Selznick/ United Arstists/ Kobal Collection / 107

16. Múltiplas personalidades: o médico e o monstro © John Springer Collection / Corbis / 109

17. A falsa memória de Piaget © 2007 Roger-Viollet / TopFoto / 114

18. Estudos longitudinais e transversais sobre o envelhecimento / 117

19. Os lobos frontais do cérebro / 120

20. Mal de Alzheimer / 122

21. Lenço com um nó © iStoskphoto / 132

22. A Acrópole © Aliki Sapountzi / Aliki Image Library/ Alamy / 135

A editora e o autor se desculpam por qualquer erro ou omissão na lista acima. Se informados, terão prazer em retificar as informações assim que possível.

Coleção **L&PM** POCKET (LANÇAMENTOS MAIS RECENTES)

312. **A alma do homem sob o socialismo** – Oscar Wilde
313. **Tudo sobre Yôga** – Mestre De Rose
314. **Os varões assinalados** – Tabajara Ruas
315. **Édipo em Colono** – Sófocles
316. **Lisístrata** – Aristófanes / trad. Millôr
317. **Sonhos de Bunker Hill** – John Fante
318. **Os deuses de Raquel** – Moacyr Scliar
319. **O colosso de Marússia** – Henry Miller
320. **As eruditas** – Molière / trad. Millôr
321. **Radicci 1** – Iotti
322. **Os Sete contra Tebas** – Ésquilo
323. **Brasil Terra à vista** – Eduardo Bueno
324. **Radicci 2** – Iotti
325. **Júlio César** – William Shakespeare
326. **A carta de Pero Vaz de Caminha**
327. **Cozinha Clássica** – Sílvio Lancellotti
328. **Madame Bovary** – Gustave Flaubert
329. **Dicionário do viajante insólito** – M. Scliar
330. **O capitão saiu para o almoço...** – Bukowski
331. **A carta roubada** – Edgar Allan Poe
332. **É tarde para saber** – Josué Guimarães
333. **O livro de bolso da Astrologia** – Maggy Harrisonx e Mellina Li
334. **1933 foi um ano ruim** – John Fante
335. **100 receitas de arroz** – Aninha Comas
336. **Guia prático do Português correto – vol. 1** – Cláudio Moreno
337. **Bartleby, o escriturário** – H. Melville
338. **Enterrem meu coração na curva do rio** – Dee Brown
339. **Um conto de Natal** – Charles Dickens
340. **Cozinha sem segredos** – J. A. P. Machado
341. **A dama das Camélias** – A. Dumas Filho
342. **Alimentação saudável** – H. e Â. Tonetto
343. **Continhos galantes** – Dalton Trevisan
344. **A Divina Comédia** – Dante Alighieri
345. **A Dupla Sertanojo** – Santiago
346. **Cavalos do amanhecer** – Mario Arregui
347. **Biografia de Vincent van Gogh por sua cunhada** – Jo van Gogh-Bonger
348. **Radicci 3** – Iotti
349. **Nada de novo no front** – E. M. Remarque
350. **A hora dos assassinos** – Henry Miller
351. **Flush – Memórias de um cão** – Virginia Woolf
352. **A guerra no Bom Fim** – M. Scliar
353. (1).**O caso Saint-Fiacre** – Simenon
354. (2).**Morte na alta sociedade** – Simenon
355. (3).**Cão amarelo** – Simenon
356. (4).**Maigret e o homem do banco** – Simenon
357. **As uvas e o vento** – Pablo Neruda
358. **On the road** – Jack Kerouac
359. **O coração amarelo** – Pablo Neruda
360. **Livro das perguntas** – Pablo Neruda
361. **Noite de Reis** – William Shakespeare
362. **Manual de Ecologia** – vol.1 – J. Lutzenberger
363. **O mais longo dos dias** – Cornelius Ryan
364. **Foi bom prá você?** – Nani
365. **Crepusculário** – Pablo Neruda
366. **A comédia dos erros** – Shakespeare
367. (5).**A primeira investigação de Maigret** – Simenon
368. (6).**As férias de Maigret** – Simenon
369. **Mate-me por favor (vol.1)** – L. McNeil
370. **Mate-me por favor (vol.2)** – L. McNeil
371. **Carta ao pai** – Kafka
372. **Os vagabundos iluminados** – J. Kerouac
373. (7).**O enforcado** – Simenon
374. (8).**A fúria de Maigret** – Simenon
375. **Vargas, uma biografia política** – H. Silva
376. **Poesia reunida (vol.1)** – A. R. de Sant'Anna
377. **Poesia reunida (vol.2)** – A. R. de Sant'Anna
378. **Alice no país do espelho** – Lewis Carroll
379. **Residência na Terra 1** – Pablo Neruda
380. **Residência na Terra 2** – Pablo Neruda
381. **Terceira Residência** – Pablo Neruda
382. **O delírio amoroso** – Bocage
383. **Futebol ao sol e à sombra** – E. Galeano
384. (9).**O porto das brumas** – Simenon
385. (10).**Maigret e seu morto** – Simenon
386. **Radicci 4** – Iotti
387. **Boas maneiras & sucesso nos negócios** – Celia Ribeiro
388. **Uma história Farroupilha** – M. Scliar
389. **Na mesa ninguém envelhece** – J. A. Pinheiro Machado
390. **200 receitas inéditas do Anonymus Gourmet** – J. A. Pinheiro Machado
391. **Guia prático do Português correto – vol.2** – Cláudio Moreno
392. **Breviário das terras do Brasil** – Assis Brasil
393. **Cantos Cerimoniais** – Pablo Neruda
394. **Jardim de Inverno** – Pablo Neruda
395. **Antonio e Cleópatra** – William Shakespeare
396. **Tróia** – Cláudio Moreno
397. **Meu tio matou um cara** – Jorge Furtado
398. **O anatomista** – Federico Andahazi
399. **As viagens de Gulliver** – Jonathan Swift
400. **Dom Quixote –** (v. 1) – Miguel de Cervantes
401. **Dom Quixote –** (v. 2) – Miguel de Cervantes
402. **Sozinho no Pólo Norte** – Thomaz Brandolin
403. **Matadouro 5** – Kurt Vonnegut
404. **Delta de Vênus** – Anaïs Nin
405. **O melhor de Hagar 2** – Dik Browne
406. **É grave Doutor?** – Nani
407. **Orai pornô** – Nani
408. (11).**Maigret em Nova York** – Simenon
409. (12).**O assassino sem rosto** – Simenon
410. (13).**O mistério das jóias roubadas** – Simenon
411. **A irmãzinha** – Raymond Chandler
412. **Três contos** – Gustave Flaubert
413. **De ratos e homens** – John Steinbeck
414. **Lazarilho de Tormes** – Anônimo do séc. XV
415. **Triângulo das águas** – Caio Fernando Abreu
416. **100 receitas de carnes** – Sílvio Lancellotti
417. **Histórias de robôs:** vol. 1 – org. Isaac Asimov
418. **Histórias de robôs:** vol. 2 – org. Isaac Asimov
419. **Histórias de robôs:** vol. 3 – org. Isaac Asimov
420. **O país dos centauros** – Tabajara Ruas
421. **A república de Anita** – Tabajara Ruas

- A carga dos lanceiros – Tabajara Ruas
- Um amigo de Kafka – Isaac Singer
- As alegres matronas de Windsor – Shakespeare
- Amor e exílio – Isaac Bashevis Singer
- Use & abuse do seu signo – Marília Fiorillo e Marylou Simonsen
- Pigmaleão – Bernard Shaw
- As fenícias – Eurípides
- Everest – Thomaz Brandolin
- A arte de furtar – Anônimo do séc. XVI
- Billy Bud – Herman Melville
- A rosa separada – Pablo Neruda
- Elegia – Pablo Neruda
- A garota de Cassidy – David Goodis
- Como fazer a guerra: máximas de Napoleão – Balzac
- Poemas escolhidos – Emily Dickinson
- Gracias por el fuego – Mario Benedetti
- O sofá – Crébillon Fils
- O "Martín Fierro" – Jorge Luis Borges
- Trabalhos de amor perdidos – W. Shakespeare
- O melhor de Hagar 3 – Dik Browne
- Os Maias (volume1) – Eça de Queiroz
- Os Maias (volume2) – Eça de Queiroz
- Anti-Justine – Restif de La Bretonne
- Juventude – Joseph Conrad
- Contos – Eça de Queiroz
- Janela para a morte – Raymond Chandler
- Um amor de Swann – Marcel Proust
- À paz perpétua – Immanuel Kant
- A conquista do México – Hernan Cortez
- Defeitos escolhidos e 2000 – Pablo Neruda
- O casamento do céu e do inferno – William Blake
- A primeira viagem ao redor do mundo – Antonio Pigafetta
- (14).Uma sombra na janela – Simenon
- (15).A noite da encruzilhada – Simenon
- (16).A velha senhora – Simenon
- Sartre – Annie Cohen-Solal
- Discurso do método – René Descartes
- Garfield em grande forma (1) – Jim Davis
- Garfield está a dieta (2) – Jim Davis
- O livro das feras – Patricia Highsmith
- Viajante solitário – Jack Kerouac
- Auto da barca do inferno – Gil Vicente
- O livro vermelho dos pensamentos de Millôr – Millôr Fernandes
- O livro dos abraços – Eduardo Galeano
- Voltaremos! – José Antonio Pinheiro Machado
- Rango – Edgar Vasques
- (8).Dieta mediterrânea – Dr. Fernando Lucchese e José Antonio Pinheiro Machado
- Radicci 5 – Iotti
- Pequenos pássaros – Anaïs Nin
- Guia prático do Português correto – vol.3 – Cláudio Moreno
- Atire no pianista – David Goodis
- Antologia Poética – García Lorca
- Alexandre e César – Plutarco
- Uma espiã na casa do amor – Anaïs Nin
- A gorda do Tiki Bar – Dalton Trevisan
- Garfield um gato de peso (3) – Jim Davis
- Canibais – David Coimbra

479. A arte de escrever – Arthur Schopenhauer
480. Pinóquio – Carlo Collodi
481. Misto-quente – Bukowski
482. A lua na sarjeta – David Goodis
483. O melhor do Recruta Zero (1) – Mort Walker
484. Aline: TPM – tensão pré-monstrual (2) – Adão Iturrusgarai
485. Sermões do Padre Antonio Vieira
486. Garfield numa boa (4) – Jim Davis
487. Mensagem – Fernando Pessoa
488. Vendeta *seguido de* A paz conjugal – Balzac
489. Poemas de Alberto Caeiro – Fernando Pessoa
490. Ferragus – Honoré de Balzac
491. A duquesa de Langeais – Honoré de Balzac
492. A menina dos olhos de ouro – Honoré de Balzac
493. O lírio do vale – Honoré de Balzac
494. (17).A barcaça da morte – Simenon
495. (18).As testemunhas rebeldes – Simenon
496. (19).Um engano de Maigret – Simenon
497. (1).A noite das bruxas – Agatha Christie
498. (2).Um passe de mágica – Agatha Christie
499. (3).Nêmesis – Agatha Christie
500. Esboço para uma teoria das emoções – Sartre
501. Renda básica de cidadania – Eduardo Suplicy
502. (1).Pílulas para viver melhor – Dr. Lucchese
503. (2).Pílulas para prolongar a juventude – Dr. Lucchese
504. (3).Desembarcando o diabetes – Dr. Lucchese
505. (4).Desembarcando o sedentarismo – Dr. Fernando Lucchese e Cláudio Castro
506. (5).Desembarcando a hipertensão – Dr. Lucchese
507. (6).Desembarcando o colesterol – Dr. Fernando Lucchese e Fernanda Lucchese
508. Estudos de mulher – Balzac
509. O terceiro tira – Flann O'Brien
510. 100 receitas de aves e ovos – J. A. P. Machado
511. Garfield em toneladas de diversão (5) – Jim Davis
512. Trem-bala – Martha Medeiros
513. Os cães ladram – Truman Capote
514. O Kama Sutra de Vatsyayana
515. O crime do Padre Amaro – Eça de Queiroz
516. Odes de Ricardo Reis – Fernando Pessoa
517. O inverno da nossa desesperança – Steinbeck
518. Piratas do Tietê (1) – Laerte
519. Rê Bordosa: do começo ao fim – Angeli
520. O Harlem é escuro – Chester Himes
521. Café-da-manhã dos campeões – Kurt Vonnegut
522. Eugénie Grandet – Balzac
523. O último magnata – F. Scott Fitzgerald
524. Carol – Patricia Highsmith
525. 100 receitas de patisseria – Sílvio Lancellotti
526. O fator humano – Graham Greene
527. Tristessa – Jack Kerouac
528. O diamante do tamanho do Ritz – Scott Fitzgerald
529. As melhores histórias de Sherlock Holmes – Arthur Conan Doyle
530. Cartas a um jovem poeta – Rilke
531. (20).Memórias de Maigret – Simenon
532. (4).O misterioso sr. Quin – Agatha Christie
533. Os analectos – Confúcio
534. (21).Maigret e os homens de bem – Simenon

535(22).**O medo de Maigret** – Simenon
536.**Ascensão e queda de César Birotteau** – Balzac
537.**Sexta-feira negra** – David Goodis
538.**Ora bolas – O humor de Mario Quintana** – Juarez Fonseca
539.**Longe daqui aqui mesmo** – Antonio Bivar
540(5).**É fácil matar** – Agatha Christie
541.**O pai Goriot** – Balzac
542.**Brasil, um país do futuro** – Stefan Zweig
543.**O processo** – Kafka
544.**O melhor de Hagar 4** – Dik Browne
545(6).**Por que não pediram a Evans?** – Agatha Christie
546.**Fanny Hill** – John Cleland
547.**O gato por dentro** – William S. Burroughs
548.**Sobre a brevidade da vida** – Sêneca
549.**Geraldão (1)** – Glauco
550.**Piratas do Tietê (2)** – Laerte
551.**Pagando o pato** – Ciça
552.**Garfield de bom humor (6)** – Jim Davis
553.**Conhece o Mário?** vol.1 – Santiago
554.**Radicci 6** – Iotti
555.**Os subterrâneos** – Jack Kerouac
556(1).**Balzac** – François Taillandier
557(2).**Modigliani** – Christian Parisot
558(3).**Kafka** – Gérard-Georges Lemaire
559(4).**Júlio César** – Joël Schmidt
560.**Receitas da família** – J. A. Pinheiro Machado
561.**Boas maneiras à mesa** – Celia Ribeiro
562(9).**Filhos sadios, pais felizes** – R. Pagnoncelli
563(10).**Fatos & mitos** – Dr. Fernando Lucchese
564.**Ménage à trois** – Paula Taitelbaum
565.**Mulheres!** – David Coimbra
566.**Poemas de Álvaro de Campos** – Fernando Pessoa
567.**Medo e outras histórias** – Stefan Zweig
568.**Snoopy e sua turma (1)** – Schulz
569.**Piadas para sempre (1)** – Visconde da Casa Verde
570.**O alvo móvel** – Ross Macdonald
571.**O melhor do Recruta Zero (2)** – Mort Walker
572.**Um sonho americano** – Norman Mailer
573.**Os broncos também amam** – Angeli
574.**Crônica de um amor louco** – Bukowski
575(5).**Freud** – René Major e Chantal Talagrand
576(6).**Picasso** – Gilles Plazy
577(7).**Gandhi** – Christine Jordis
578.**A tumba** – H. P. Lovecraft
579.**O príncipe e o mendigo** – Mark Twain
580.**Garfield, um charme de gato (7)** – Jim Davis
581.**Ilusões perdidas** – Balzac
582.**Esplendores e misérias das cortesãs** – Balzac
583.**Walter Ego** – Angeli
584.**Striptiras (1)** – Laerte
585.**Fagundes: um puxa-saco de mão cheia** – Laerte
586.**Depois do último trem** – Josué Guimarães
587.**Ricardo III** – Shakespeare
588.**Dona Anja** – Josué Guimarães
589.**24 horas na vida de uma mulher** – Stefan Zweig
590.**O terceiro homem** – Graham Greene
591.**Mulher no escuro** – Dashiell Hammett
592.**No que acredito** – Bertrand Russell
593.**Odisséia (1): Telemaquia** – Homero
594.**O cavalo cego** – Josué Guimarães
595.**Henrique V** – Shakespeare
596.**Fabulário geral do delírio cotidian** – Bukowski
597.**Tiros na noite 1: A mulher do bandid** – Dashiell Hammett
598.**Snoopy em Feliz Dia dos Namorados!** – Schulz
599.**Mas não se matam cavalos?** – Horace McC
600.**Crime e castigo** – Dostoiévski
601(7).**Mistério no Caribe** – Agatha Christie
602.**Odisséia (2): Regresso** – Homero
603.**Piadas para sempre (2)** – Visconde da Casa Ve
604.**À sombra do vulcão** – Malcolm Lowry
605(8).**Kerouac** – Yves Buin
606.**E agora são cinzas** – Angeli
607.**As mil e uma noites** – Paulo Caruso
608.**Um assassino entre nós** – Ruth Rendell
609.**Crack-up** – F. Scott Fitzgerald
610.**Do amor** – Stendhal
611.**Cartas do Yage** – William Burroughs e Al Ginsberg
612.**Striptiras (2)** – Laerte
613.**Henry & June** – Anaïs Nin
614.**A piscina mortal** – Ross Macdonald
615.**Geraldão (2)** – Glauco
616.**Tempo de delicadeza** – A. R. de Sant'Anna
617.**Tiros na noite 2: Medo de tiro** – Dashie Hammett
618.**Snoopy em Assim é a vida, Charlie Brow (3)** – Schulz
619.**1954 – Um tiro no coração** – Hélio Silva
620.**Sobre a inspiração poética (Íon) e ...** – Plat
621.**Garfield e seus amigos (8)** – Jim Davis
622.**Odisséia (3): Ítaca** – Homero
623.**A louca matança** – Chester Himes
624.**Factótum** – Bukowski
625.**Guerra e Paz: volume 1** – Tolstói
626.**Guerra e Paz: volume 2** – Tolstói
627.**Guerra e Paz: volume 3** – Tolstói
628.**Guerra e Paz: volume 4** – Tolstói
629(9).**Shakespeare** – Claude Mourthé
630.**Bem está o que bem acaba** – Shakespeare
631.**O contrato social** – Rousseau
632.**Geração Beat** – Jack Kerouac
633.**Snoopy: É Natal! (4)** – Charles Schulz
634(8).**Testemunha da acusação** – Agatha Christie
635.**Um elefante no caos** – Millôr Fernandes
636.**Guia de leitura (100 autores que você precis ler)** – Organização de Léa Masina
637.**Pistoleiros também mandam flores** – Davi Coimbra
638.**O prazer das palavras** – vol. 1 – Cláudio Moren
639.**O prazer das palavras** – vol. 2 – Cláudio Moren
640.**Novíssimo testamento: com Deus e o diabo, dupla da criação** – Iotti
641.**Literatura Brasileira: modos de usar** – Luí Augusto Fischer
642.**Dicionário de Porto-Alegrês** – Luís A. Fischer
643.**Clô Dias & Noites** – Sérgio Jockymann
644.**Memorial de Isla Negra** – Pablo Neruda
645.**Um homem extraordinário e outras histórias** – Tchékhov

- **Ana sem terra** – Alcy Cheuiche
- **Adultérios** – Woody Allen
- **Para sempre ou nunca mais** – R. Chandler
- **Nosso homem em Havana** – Graham Greene
- **Dicionário Caldas Aulete de Bolso**
- **Snoopy: Posso fazer uma pergunta, professora? (5)** – Charles Schulz
10. **Luís XVI** – Bernard Vincent
- **O mercador de Veneza** – Shakespeare
- **Cancioneiro** – Fernando Pessoa
- **Non-Stop** – Martha Medeiros
- **Carpinteiros, levantem bem alto a cumeeira & Seymour, uma apresentação** – J.D.Salinger
- **Ensaios céticos** – Bertrand Russell
- **O melhor de Hagar 5** – Dik e Chris Browne
- **Primeiro amor** – Ivan Turguêniev
- **A trégua** – Mario Benedetti
- **Um parque de diversões da cabeça** – Lawrence Ferlinghetti
- **Aprendendo a viver** – Sêneca
- **Garfield, um gato em apuros (9)** – Jim Davis
- **Dilbert 1** – Scott Adams
4. **Dicionário de dificuldades** – Domingos Paschoal Cegalla
5. **A imaginação** – Jean-Paul Sartre
7. **O ladrão e os cães** – Naguib Mahfuz
8. **Gramática do português contemporâneo** – Celso Cunha
9. **A volta do parafuso** seguido de **Daisy Miller** – Henry James
0. **Notas do subsolo** – Dostoiévski
1. **Abobrinhas da Brasilônia** – Glauco
2. **Geraldão (3)** – Glauco
3. **Piadas para sempre (3)** – Visconde da Casa Verde
4. **Duas viagens ao Brasil** – Hans Staden
5. **Bandeira de bolso** – Manuel Bandeira
6. **A arte da guerra** – Maquiavel
7. **Além do bem e do mal** – Nietzsche
78. **O coronel Chabert** seguido de **A mulher abandonada** – Balzac
79. **O sorriso de marfim** – Ross Macdonald
80. **100 receitas de pescados** – Sílvio Lancellotti
81. **O juiz e seu carrasco** – Friedrich Dürrenmatt
82. **Noites brancas** – Dostoiévski
83. **Quadras ao gosto popular** – Fernando Pessoa
84. **Romanceiro da Inconfidência** – Cecília Meireles
85. **Kaos** – Millôr Fernandes
86. **A pele de onagro** – Balzac
87. **As ligações perigosas** – Choderlos de Laclos
588. **Dicionário de matemática** – Luiz Fernandes Cardoso
589. **Os Lusíadas** – Luís Vaz de Camões
590(11).**Átila** – Éric Deschodt
591.**Um jeito tranquilo de matar** – Chester Himes
692.**A felicidade conjugal** seguido de **O diabo** – Tolstói
693.**Viagem de um naturalista ao redor do mundo** – vol. 1 – Charles Darwin
694.**Viagem de um naturalista ao redor do mundo** – vol. 2 – Charles Darwin
695.**Memórias da casa dos mortos** – Dostoiévski
696.**A Celestina** – Fernando de Rojas
697.**Snoopy: Como você é azarado, Charlie Brown! (6)** – Charles Schulz
698.**Dez (quase) amores** – Claudia Tajes
699(9).**Poirot sempre espera** – Agatha Christie
700.**Cecília de bolso** – Cecília Meireles
701.**Apologia de Sócrates** precedido de **Êutifron** e seguido de **Críton** – Platão
702.**Wood & Stock** – Angeli
703.**Striptiras (3)** – Laerte
704.**Discurso sobre a origem e os fundamentos da desigualdade entre os homens** – Rousseau
705.**Os duelistas** – Joseph Conrad
706.**Dilbert (2)** – Scott Adams
707.**Viver e escrever** (vol. 1) – Edla van Steen
708.**Viver e escrever** (vol. 2) – Edla van Steen
709.**Viver e escrever** (vol. 3) – Edla van Steen
710(10).**A teia da aranha** – Agatha Christie
711.**O banquete** – Platão
712.**Os belos e malditos** – F. Scott Fitzgerald
713.**Libelo contra a arte moderna** – Salvador Dalí
714.**Akropolis** – Valerio Massimo Manfredi
715.**Devoradores de mortos** – Michael Crichton
716.**Sob o sol da Toscana** – Frances Mayes
717.**Batom na cueca** – Nani
718.**Vida dura** – Claudia Tajes
719.**Carne trêmula** – Ruth Rendell
720.**Cris, a fera** – David Coimbra
721.**O anticristo** – Nietzsche
722.**Como um romance** – Daniel Pennac
723.**Emboscada no Forte Bragg** – Tom Wolfe
724.**Assédio sexual** – Michael Crichton
725.**O espírito do Zen** – Alan W.Watts
726.**Um bonde chamado desejo** – Tennessee Williams
727.**Como gostais** seguido de **Conto de inverno** – Shakespeare
728.**Tratado sobre a tolerância** – Voltaire
729.**Snoopy: Doces ou travessuras? (7)** – Charles Schulz
730.**Cardápios do Anonymus Gourmet** – J.A. Pinheiro Machado
731.**100 receitas com lata** – J.A. Pinheiro Machado
732.**Conhece o Mário?** vol.2 – Santiago
733.**Dilbert (3)** – Scott Adams
734.**História de um louco amor** seguido de **Passado amor** – Horacio Quiroga
735(11).**Sexo: muito prazer** – Laura Meyer da Silva
736(12).**Para entender o adolescente** – Dr. Ronald Pagnoncelli
737(13).**Desembarcando a tristeza** – Dr. Fernando Lucchese
738.**Poirot e o mistério da arca espanhola & outras histórias** – Agatha Christie
739.**A última legião** – Valerio Massimo Manfredi
740.**As virgens suicidas** – Jeffrey Eugenides
741.**Sol nascente** – Michael Crichton
742.**Duzentos ladrões** – Dalton Trevisan
743.**Os devaneios do caminhante solitário** – Rousseau
744.**Garfield, o rei da preguiça (10)** – Jim Davis
745.**Os magnatas** – Charles R. Morris
746.**Pulp** – Charles Bukowski
747.**Enquanto agonizo** – William Faulkner

748. **Aline: viciada em sexo (3)** – Adão Iturrusgarai
749. **A dama do cachorrinho** – Anton Tchékhov
750. **Tito Andrônico** – Shakespeare
751. **Antologia poética** – Anna Akhmátova
752. **O melhor de Hagar 6** – Dik e Chris Browne
753(12). **Michelangelo** – Nadine Sautel
754. **Dilbert (4)** – Scott Adams
755. **O jardim das cerejeiras** seguido de **Tio Vânia** – Tchékhov
756. **Geração Beat** – Claudio Willer
757. **Santos Dumont** – Alcy Cheuiche
758. **Budismo** – Claude B. Levenson
759. **Cleópatra** – Christian-Georges Schwentzel
760. **Revolução Francesa** – Frédéric Bluche, Stéphane Rials e Jean Tulard
761. **A crise de 1929** – Bernard Gazier
762. **Sigmund Freud** – Edson Sousa e Paulo Endo
763. **Império Romano** – Patrick Le Roux
764. **Cruzadas** – Cécile Morrisson
765. **O mistério do Trem Azul** – Agatha Christie
766. **Os escrúpulos de Maigret** – Simenon
767. **Maigret se diverte** – Simenon
768. **Senso comum** – Thomas Paine
769. **O parque dos dinossauros** – Michael Crichton
770. **Trilogia da paixão** – Goethe
771. **A simples arte de matar** (vol.1) – R. Chandler
772. **A simples arte de matar** (vol.2) – R. Chandler
773. **Snoopy: No mundo da lua! (8)** – Charles Schulz
774. **Os Quatro Grandes** – Agatha Christie
775. **Um brinde de cianureto** – Agatha Christie
776. **Súplicas atendidas** – Truman Capote
777. **Ainda restam aveleiras** – Simenon
778. **Maigret e o ladrão preguiçoso** – Simenon
779. **A viúva imortal** – Millôr Fernandes
780. **Cabala** – Roland Goetschel
781. **Capitalismo** – Claude Jessua
782. **Mitologia grega** – Pierre Grimal
783. **Economia: 100 palavras-chave** – Jean-Paul Betbèze
784. **Marxismo** – Henri Lefebvre
785. **Punição para a inocência** – Agatha Christie
786. **A extravagância do morto** – Agatha Christie
787(13). **Cézanne** – Bernard Fauconnier
788. **A identidade Bourne** – Robert Ludlum
789. **Da tranquilidade da alma** – Sêneca
790. **Um artista da fome** seguido de **Na colônia penal e outras histórias** – Kafka
791. **Histórias de fantasmas** – Charles Dickens
792. **A louca de Maigret** – Simenon
793. **O amigo de infância de Maigret** – Simenon
794. **O revólver de Maigret** – Simenon
795. **A fuga do sr. Monde** – Simenon
796. **O Uruguai** – Basílio da Gama
797. **A mão misteriosa** – Agatha Christie
798. **Testemunha ocular do crime** – Agatha Christie
799. **Crepúsculo dos ídolos** – Friedrich Nietzsche
800. **Maigret e o negociante de vinhos** – Simenon
801. **Maigret e o mendigo** – Simenon
802. **O grande golpe** – Dashiell Hammett
803. **Humor barra pesada** – Nani
804. **Vinho** – Jean-François Gautier
805. **Egito Antigo** – Sophie Desplancques
806(14). **Baudelaire** – Jean-Baptiste Baronian
807. **Caminho da sabedoria, caminho da p** Dalai Lama e Felizitas von Schönborn
808. **Senhor e servo e outras histórias** – Tolstó
809. **Os cadernos de Malte Laurids Brigge** – R
810. **Dilbert (5)** – Scott Adams
811. **Big Sur** – Jack Kerouac
812. **Seguindo a correnteza** – Agatha Christie
813. **O álibi** – Sandra Brown
814. **Montanha-russa** – Martha Medeiros
815. **Coisas da vida** – Martha Medeiros
816. **A cantada infalível** seguido de **A mulher centroavante** – David Coimbra
817. **Maigret e os crimes do cais** – Simenon
818. **Sinal vermelho** – Simenon
819. **Snoopy: Pausa para a soneca (9)** – Char Schulz
820. **De pernas pro ar** – Eduardo Galeano
821. **Tragédias gregas** – Pascal Thiercy
822. **Existencialismo** – Jacques Colette
823. **Nietzsche** – Jean Granier
824. **Amar ou depender?** – Walter Riso
825. **Darmapada: A doutrina budista em verso**
826. **J'Accuse...! – a verdade em marcha** – Zola
827. **Os crimes ABC** – Agatha Christie
828. **Um gato entre os pombos** – Agatha Christie
829. **Maigret e o sumiço do sr. Charles** – Simen
830. **Maigret e a morte do jogador** – Simenon
831. **Dicionário de teatro** – Luiz Paulo Vasconcello
832. **Cartas extraviadas** – Martha Medeiros
833. **A longa viagem de prazer** – J. J. Morosoli
834. **Receitas fáceis** – J. A. Pinheiro Machado
835.(14). **Mais fatos & mitos** – Dr. Fernando Lucches
836.(15). **Boa viagem!** – Dr. Fernando Lucchese
837. **Aline: Finalmente nua!!! (4)** – Adão Iturrusgara
838. **Mônica tem uma novidade!** – Mauricio de Sous
839. **Cebolinha em apuros!** – Mauricio de Sousa
840. **Sócios no crime** – Agatha Christie
841. **Bocas do tempo** – Eduardo Galeano
842. **Orgulho e preconceito** – Jane Austen
843. **Impressionismo** – Dominique Lobstein
844. **Escrita chinesa** – Viviane Alleton
845. **Paris: uma história** – Yvan Combeau
846(15). **Van Gogh** – David Haziot
847. **Maigret e o corpo sem cabeça** – Simenon
848. **Portal do destino** – Agatha Christie
849. **O futuro de uma ilusão** – Freud
850. **O mal-estar na cultura** – Freud
851. **Maigret e o matador** – Simenon
852. **Maigret e o fantasma** – Simenon
853. **Um crime adormecido** – Agatha Christie
854. **Satori em Paris** – Jack Kerouac
855. **Medo e delírio em Las Vegas** – Hunter Thompson
856. **Um negócio fracassado e outros contos de humor** – Tchékhov
857. **Mônica está de férias!** – Mauricio de Sousa
858. **De quem é esse coelho?** – Mauricio de Sousa
859. **O burgomestre de Furnes** – Simenon
860. **O mistério Sittaford** – Agatha Christie
861. **Manhã transfigurada** – Luiz Antonio de Assis Brasil
862. **Alexandre, o Grande** – Pierre Briant
863. **Jesus** – Charles Perrot
864. **Islã** – Paul Balta